[美] 亨利 · 黑兹利特（Henry Hazlitt）◎著
蒲定东◎译　华楠◎校译

一课经济学

人人都能读懂的经济学

中信出版集团 · 北京

图书在版编目（CIP）数据

一课经济学 /（美）亨利·黑兹利特著；蒲定东译
. --3 版 . -- 北京：中信出版社，2018.7（2024.10 重印）
书名原文：Economics in One Lesson
ISBN 978-7-5086-8801-5

I. ①一… II. ①亨… ②蒲… III. ①经济学－通俗读物 IV. ① F0-49

中国版本图书馆 CIP 数据核字（2018）第 052632 号

一课经济学

著　　者：[美] 亨利 · 黑兹利特
译　　者：蒲定东
校　　译：华　楠
出版发行：中信出版集团股份有限公司
（北京市朝阳区东三环北路 27 号嘉铭中心　邮编　100020）
承 印 者：北京通州皇家印刷厂

开　　本：880mm×1230mm　1/32　　印　　张：7.5　　字　　数：150 千字
版　　次：2018 年 7 月第 3 版　　印　　次：2024 年 10 月第 18 次印刷
京权图字：01–2006–3455
书　　号：ISBN 978–7–5086–8801–5
定　　价：58.00 元

服务热线：400–600–8099
投稿邮箱：author@citicpub.com

目录

Economics in One Lesson

新版序

本书第一版于1946年推出，先后已有8种语言译本，也出版了多种平装本。1961年版平装本新增一章内容，探讨房租管制问题（第一版并未专门探讨该问题，仅在政府价格调控部分笼统提及），并更新了部分统计数字和参考资料。

除此之外，在本次新版之前未做其他改动，主要是我认为没有改动的必要。本书是为了强调一般性经济学原理，强调忽视这些原理会受到的惩罚，而不是去探讨某项法律的危害。我的例证以美国经验为主，但我所谴责的政府干预行为已然国际化，以至于许多外国读者会觉得我好像是在描述他们本国的经济政策。

然而，时隔32年，在我看来，是时候该对这本书进行大规模修订了。除了全面更新案例和统计数字以外，我还重写了房租管制那一章。1961 年版的内容明显不足，因此我新增了最后一章——“30 年后的这一课”，以说明为什么如今比以往任何时候更亟需这一课。

亨利 · 黑兹利特

于康涅狄格州，威尔顿镇

1978 年 6 月

第一版序

本书分析了一些极为盛行的、几乎已成为新正统观念的经济谬论。阻止这些谬论成为正统的因素之一就在于其本身的自相矛盾。这使得接受相同前提的人们分化出上百个不同的“学派”，原因很简单，在现实生活中，诸事不可能一直错下去。各学派之间的不同仅仅在于一方比另一方更早从虚假前提造成的荒谬中清醒，并且在清醒那一刻做出前后不一致的表现，要么无意间摒弃了错误的前提，要么接受这些前提所导致的不那么怪异或令人不安的结论。

然而，当今主要国家政府的经济政策或多或少都受到了经济谬论的影响，有的政策甚至完全被经济谬论所左右。或许理解经济学的最快、最可靠的途径是剖析这些谬误，尤其是那些导致谬误的根本性错误。这就是本书的设想，也是略显狂妄和挑衅的书名之缘起。

因此，本书主要是在做阐释。其中涉及的所有主要观点并非本书原创。本书在于揭示那些所谓精妙的创新和进展实际上只是复活了旧时谬误，进而印证“忘却历史意味着重蹈覆辙”这句格言。

我想本书可以毫不惭愧地自称为“古典”、“传统”和“正统”。这些修饰语正是我所要剖析的那些诡辩思维的持有者们想否定的。但是旨在探求尽可能多的真理的学生不会被这些形容词吓住。他们不会永远都在寻求经济学思想的革命或“全新开始”。当然，他们对新老想法都乐于接受；但他们愿意放下浮躁或表现欲，去追寻新奇和原创。莫里斯·科恩（Morris R. Cohen）说过：“如果我们认为能够推翻以前所有思想家的理论，那么我们没有理由希望自己的作品对他人有任何实际价值。”

由于这是一本自由发挥的阐释性著作，我没有对他人的观点一一致谢（除了个别脚注和引用），在一个拥有世界上最优秀的思想家们耕耘的领域里著述，这一点不可避免。不过，有三位著作者对我的帮助尤其大，我必须特别感谢。在本书论点所依凭的阐释框架方面，对我帮助最大的是弗雷德里克·巴斯夏（Frederic Bastiat）约一个世纪前发表的文章《看得见的与看不见的》（*Ce qu'on voit et ce qu'on ne voit pas*）。实际上，本书可以说是巴斯夏那本小册子所用方法的现代化、延伸和概括。其次，我要感谢菲利普·威克斯蒂德（Philip Wicksteed），尤其是谈工资的章节和最后的概要，在很大程度上要归功于他所著的《政治经济学常识》（*The Common Sense of Political Economy*）。我还要感谢路德维希·冯·米塞斯（Ludwig von Mises），感谢他的著作对这本入门级论述的所有帮助，具体来说，我最要感谢的是他对货币通胀扩散过程的方式所做的说明。

分析谬论时，我觉得与其指名道姓，不如分析其缘由。若要指名道姓，就得公平地对待每一位被批评的著作者，准确引用其著述，考虑他所强调的重点、他所提出的限定条件、他的语义模糊或前后矛盾之处等。因此，我希望没有人会因为书中未出现卡尔·马克思（karl Marx）、索尔斯坦·凡勃伦（Thorstein Veblen）、道格拉斯少校（Major Douglas）、凯恩斯勋爵（Lord Keynes）、阿尔文·汉森教授（Alvin Hansen）等人的名字而感到失望。本书的目的并不在于揭露某著作者所犯下的具体错误，而在于揭露那些最常见、最普遍、影响力最大的经济学谬误。谬论一旦流行开来，就无从追究其始作俑者。最应该为散播这些谬论负责的著作者，其言论的细微差异或晦涩之处已无迹可寻。学说一旦简化，那些可能隐藏在一堆限定条件、歧义或数学方程式中的诡辩就会显现出来。因此，我不希望因为以自己的方式所呈现出的某个风靡学说与凯恩斯勋爵或者其他作者的学说不完全一致而被指责有失偏颇。本书感兴趣的正是那些有强大政治影响力的集团所持的信条，以及政府行动所依据的信条，而不是这些信条的历史渊源。

最后，书中极少引用统计数字，望读者见谅。在谈及关税、限价、通货膨胀，以及对煤炭、橡胶、棉花等商品进行管制所产生的影响时，若都用统计数字来加以佐证，势必会导致本书篇幅大增，超出预先的设想。作为一个新闻从业人士，我非常清楚统计数字的更新频率有多快。我建议对特定经济问题感兴趣的读者看一看当下对这些问题“切合实际”的讨论以及相关的统计文件：读者会发觉，用学到的基本原理去正确解读统计数字并不难。

本书力求简明，在足够准确的同时尽量不囿于技术性细节，以便使还不了解经济学的读者同样能充分理解。

本书的内容是一个整体，不过有三章内容先前曾独立发表。感谢《纽约时报》(*The New York Times*)、《美国学者》(*American Scholar*)、《新领袖》(*New Leader*)授权本书重刊这些内容。感谢冯·米塞斯教授校阅书稿，并提出有益建议。当然对于书中表达的各种看法，其责任完全由我本人承担。

亨利·黑兹利特

于纽约

1946 年 3 月 25 日

ECONOMICS
IN ONE LESSON

第一部分

本书主旨

第1章　关于这堂课

1

在所有学科中，经济学受到的谬论的困扰最多。这并非偶然。这门学科的内在难度原本就高，其追逐私利的特性——一个在物理学、数学、医学等学科中微不足道的因素——使其难度又增加了成百上千倍。我们将在本书中看到，尽管每个群体都有某些经济利益和其他群体完全一致，但各自又都存在与其他群体相抵触的私利；尽管有些公共政策从长远来看惠及所有人，但很多惠及某个群体的政策是以牺牲其他群体的利益为代价的。因这类政策事关其直接利益，获利群体会不遗余力地自圆其说。他们会聘请最出色的唯利是图者为其辩解。最后，他们要么使公众相信其主张合情合理，要么干脆把水搅浑，使人无法就该问题理清思路。

除了无休止地追逐私利，还有另一个主要因素，导致新的经济学谬论每天都在产生，即：人们总是只看到某项政策的即时影响，或者只看到对某个特殊群体产生的影响，而不去探究其对所有群体产生的长远影响。这就是忽视间接后果的谬论。

这些差异充分说明了经济学的好坏之分。坏的经济学家只顾及眼前的利弊得失，而好的经济学家则看得更长远；坏的经济学家只能看到提议对策所产生的直接结果，好的经济学家还会考察更为长远及间接结果；坏的经济学家只看到某项政策对某个特定群体已经或者即将产生的影响，好的经济学家还会去探究该项政策对所有群体产生的影响。

两者的差别似乎很明显。探讨某项政策对每个人可能产生的所有影响似乎应该是起码的常识。想必大家都知道，在日常的个人生活中，贪图一时的享受往往会招致不幸的后果。小孩子难道不知道糖吃得太多会不舒服吗？醉酒之人难道不知道酒醒之后必定会胃疼、头痛吗？酗酒成瘾的人难道不知道他在毁掉自己的肝脏、折损寿命吗？风流成性的人难道不知道他正面临从敲诈勒索到染病等各种风险吗？最后，再回到个人生活中的经济问题，游手好闲、挥霍无度的人在尽情享乐时，难道不知道等待他们的将是债务和贫困吗？

然而，当我们踏进公共经济学领域时，这些基本的真理却往往被忽视。有些被视为当今杰出经济学家的人，竟然抨击储蓄，鼓吹全民大肆消费是经济救赎之道。当有人指出这些政策的长期后果时，他们却像败家子讥讽父母的忠告那样不屑一顾地说："从长远来看，我们都是要死的。"[1] 如此浅薄之戏言却被有些人奉为至理名言和大智慧。

可悲的是，恰恰相反，我们已经开始遭受往昔政策的长期后果。坏的经济学家昨天要我们置之不理的明天，转眼就成了今天。有些经济政策的影响，可能不出几个月就会暴露无遗；有些政策产生的后果，也许要好几年之后才会显现；还有些政策，其后遗症甚至要潜伏数十年才会爆发。但无论如何，政策必然有其长远的影响，就像鸡蛋必然会孵化出小鸡，种子必然会发芽一样。

因此，从这一方面来看，整个经济学可以简化为一堂课，这堂课又可以归纳成一句话：

> 经济学的艺术在于，不仅要观察任何行为或政策的即时影响，更要考察其比较长远的影响；不仅要关注政策对某个群体产生的影响，更要追踪其对所有群体造成的影响。

---

① 作者在此处引用了凯恩斯的一句名言"In the Long run we are all dead"。——编者注

2

经济谬论多半是由于忽视了上述教训而给当今世界带来了严重的危害。所有谬论出自两大主要谬论：一个是只看行动或计划的即时影响，另一个是只看特定群体所受的影响而忽视其他群体。

当然，我们也有可能倒向另一个极端，只关注经济政策对社会整体的长期效应。古典经济学家常犯此类错误。结果，只要一项政策或进展能产生长远的净收益，他们就会赞成，至于该政策是否会立即伤害到某些群体，他们则不大关心。

除了部分职业经济学家以外，今天很少有人再犯这类错误。相比之下，当前最常见的谬误，是只重视政策对于特定群体产生的短期影响，而忽略或者淡化整个社会所受的长期影响。这类谬误一次又一次地出现在经济事务讨论和政治演说中，也已成了“新”经济学中似是而非的核心。“新”经济学家们自夸，与“古典”或“正统”经济学家使用的方法相比，这是伟大且近乎革命性的进步。因为前者考虑到了往往被后者忽视的短期影响。然而，他们本身却无视或轻视长期影响，结果犯下更为严重的错误。他们精心细致地观测和检视单个树木，却忽视了整片森林。他们的方法和结论经常是倒行逆施，以至于有时会惊讶地发现自己竟和17世纪的重商主义气味相投。事实上，他们已经陷入（或即将陷入，如果前后不那么自相矛盾的话）古典经济学家（如我们所料）彻底摆脱的种种古老谬误。

3

常有人感叹说，坏的经济学家向大众兜售谬论，往往比好的经济学家宣扬真理更有成效。常有人抱怨说，煽动者鼓吹经济谬论时，往往比那些点出问题要害的诚实者更能让人相信。这其中并没有什么奥妙：煽动者和坏的经济学家，都只说出了一半的真相。他们只谈某项拟议政策的即时影响，或者只谈其对单个群体的影响。他们的一面之词或许往往是对的。这时，答案就在于要指出拟议政策也会带来长远的不良影响，或者指明该政策会牺牲所有其他群体的利益而使一个群体受益。另外，还要用另一半的真相，来加以补足和矫正。但是，衡量拟议做法对每个人的主要影响往往需要长时间的、复杂而枯燥的一连串推理。大多数受众很难明白这些推理，很快就会厌倦走神。坏的经济学家为这种思维弱点和惰性开脱，使受众确信他们无需弄清这些推理，也不必对其优劣做出判断，因为只有“古典主义”、“自由放任主义”、“资本主义辩惑学”或者其他被滥用的术语才会使受众觉得行之有效。

以上，我们用抽象的语言描述了这堂课以及从中作梗的种种谬论的实质。但还需要有例证才能让大众彻底理解这堂课的内容，进而认清各种谬论。通过这些例证，我们将从最基础的经济学问题讲起，一直深入到最为复杂难懂的问题。通过这些例证，我们可以学会发现和避开那些最拙劣、最明显的谬误，直至那些最艰深、最难以捉摸的谬误。这些正是本书接下来要讲的内容。

ECONOMICS IN ONE LESSON

第二部分

课程的应用

第 2 章　破窗谬论

让我们效仿法国经济学家巴斯夏，从一面被砸碎的橱窗的简单例子说起。

话说一个顽童抡起砖头，砸碎了面包店的橱窗。当店主怒气冲冲追出来时，小捣蛋早已逃之夭夭。一群人围了上来，开始幸灾乐祸地盯着橱窗的破洞以及散落在面包和馅饼上的玻璃碎片。不一会儿，人们觉得应该进行理性思考。其中有几位几乎必定会提醒彼此或者面包师：这桩倒霉事也还是有好的一面。玻璃工又有生意了。他们越琢磨越来劲。一面新的玻璃橱窗需要多少钱？250 美元？这笔钱可不算少。不过，要是玻璃永远都不破，那么做玻璃生意的人吃什么？接着，事情自然就没完没了。玻璃工多挣了 250 美元，会去别的商家那里消费，这些商家因此会多收入 250 美元，又会向更多的商家买东西，如此一直循环下去。一面破橱窗能够在不断扩大的范围内提供收入和就业机会。要是照这个逻辑推下去，围观人群得出的结论便是：扔砖头的那个小捣蛋，不仅不是社会的祸害，反而是造福大众的善人。

现在我们换个角度看看。至少围观者做出的第一个结论没错，这个小小的破坏行为，的确会给玻璃工带来生意。玻璃工对于这起事件的惋惜之情和殡葬承办人面对他人的死亡一样。但是，面包店主损失掉的 250 美元，原本是打算拿去做一套西装的。因为他要换橱窗，出门就穿不成新西装了（或者少了同等价钱的其他日用品或奢侈品）。他原来有一面橱窗和 250 美元，现在只剩下一面橱窗了。或者说，在准备去做西装的那个下午，他本来可以同时拥有橱窗和西装，而结果只能面对有橱窗没西装的现实。如果我们把他当作社区的一部分，那么这个社区就损失了一套原本会有的新西装，于是变得比以前更穷了。

简单来说，玻璃工的这桩生意，不过是裁缝师失去的生意。整个过程并没有新增“就业机会”。那些围观的人只想到了交易双方——面包师和玻璃工——的情况，却忽略了可能涉及的第三方——裁缝师，因为他再也不会出现在那里了。人们过两天就会看到崭新的橱窗，但绝不会看到那套西装，因为它永远不会被做出来。人们总是只看到眼前所见的东西。

第 3 章　战祸之福

我们已经讲完粗浅的“破窗谬论”。有人会说，只要稍微动动脑筋，谁都不会犯这样的错误。然而，穿着各种伪装的破窗谬论，在经济学历史上却是最挥之不去的，而且现在的谬论比过去任何时候都更加泛滥。如今，每天都有许多人在一本正经地重复着这种谬论：工业巨头、商会、工会领袖、社论主笔、报纸专栏作家、广播电台与电视台的评论员、技巧高深的统计专家，还有一流大学的经济学教授。他们都在以各自的方式宣扬破坏行为所带来的好处。

有些人不屑于谈论小小的破坏行为带来的蝇头小利，却醉心于“巨大的破坏行为能让人们受益无穷”的理论。他们声称战争对经济是如何有利，非和平时期所能及。他们看到的是只有通过战争才能实现的“生产奇迹”。他们认为，战争时期庞大的需求“累积”或“滞塞”，会给战后的世界带来繁荣。第二次世界大战结束后，在欧洲，他们兴致勃勃地清点出那些被战火夷为平地、必需重建的房子和城市。在美国，他们清点出战争期间无力兴建的房屋、短缺的尼龙袜、报废的汽车和轮胎、过时的收音机和电冰箱。他们汇总出来的这些事物，数额大到令人震惊。

这只不过是我们所熟悉的老朋友——破窗谬论换了一件马甲变得极度臃肿而已。不过这一次，它有一大批相关的谬误支撑。它把需要和需求混为一谈。战火摧毁的东西越多，世界就会变得越贫困，战后需要的东西也就越多，这一点毋庸置疑。但是，需要并不等于需求。有效的经济需求，光有需要还不够，还必须要有相应的购买力才行。当今印度的实际需要远高于美国，但是其购买力以及由此创造出的商机却远不及美国。

不过，就算绕过了这一个谬误，还有可能陷入另一个谬误，即破窗谬论者紧抓不放的谬论。他们只从金钱的角度去思考“购买力”。其实，只要让印钞机开足马力，就不愁没有钞票。事实上，在写作本书时，印钞是当今世上规模最大的产业——如果以金钱来衡量作为产品的钞票的话。但是印制的钞票数量越多，单位货币的价值就越少。货币贬值的程度可以用物价上涨幅度来衡量。可是，人们用金钱来衡量自己财富和收入的习惯已根深蒂固，所以只要手头多了几张钞票，便以为自己过得更好，尽管拿这些钱能买到的东西和实际拥有的东西都比以前少。人们所认为的第二次世界大战带来的“经济成果”，其实大多是战时通货膨胀造成的幻象。在和平年代，同等规模的通货膨胀也能带来这样的结果，并且的确曾产生过这样的结果。后面我们还会回过头来谈这种货币幻觉。

“需求堵塞”谬论只讲出了一半的真相，这点跟破窗谬论一样。被砸破的橱窗的确会给玻璃工带来生意，战争造成的破坏也的确会给某些产品的制造商带来大量商机。房子和城市毁于战火，这为建筑业赢得了更多业务，而战争期间没办法生产的汽车、收音机和电冰箱，确实给这些特殊的产品带来了累积性的战后需求。

这一半的真相在大部分人看来，就像是总需求增加了。部分原因是单位货币的购买力降低，但更主要的原因是，需求从其他地方转向了这些特殊的产品。欧洲人盖出了数量空前的新房子，因为他们必须这么做。可是，在他们大兴土木的同时，可用于生产其他产品的人力和生产能力就会随之减少。人们买了房子之后，对于其他产品的购买能力也会随之下降。人总是顾得了一头，就顾不了另一头。（当然，欲望和紧迫感也会激发更多的生产活力。）

简单地说，战争改变了人们战后的努力方向，战争打破了各行各业原有的平衡，改变了工业结构。

第二次世界大战后的欧洲各国都出现了高速甚至奇迹般的经济增长，那些惨遭战火蹂躏的国家是这样，那些未受劫掠的国家也是如此。遭受破坏最为严重的德国，其经济增长速度比破坏不那么严重的法国等国更快。一方面是因为西德实行了更为稳健的经济政策，另一方面是因为想尽快回到正常住房和其他生活条件的念头使人们工作更加努力。但这些并不表示财物毁损对失去财物的人有利。没有人会因为重建需求能激发斗志而刻意烧毁自家的房屋。

战争结束后，人们通常会在一段时间内迸发出旺盛的精力。托马斯·麦考利（Thomas Macaulay）在《英格兰史》（*History of England*）的第3章中开门见山地写道：

> 一般的不幸或错误的政府治理可能将一个国家置于悲惨的境地，但与之相比，对于客观世界认知的持续进步、人们改善自我的恒久努力，却能在更大程度上促进国家的繁荣。我们经常发现，虽然肆意挥霍、课征重税、荒谬的商业管制、司法腐化、灾难性战争、叛乱、迫害、火灾和洪水在摧毁财富，但人民努力创造财富的速度更快。

没有人愿意让自己的财物毁于一旦，无论是在战争时期还是在和平年代。对个人来说是伤害、是灾难的东西，对由个人组成的国家来说，也一定是伤害和灾难。

经济学推理中最常见的许多谬论，源于人们倾向于将“国家”当成抽象的集合名词去思考，而忘记或忽视了组成它并赋予它意义的个人。这种倾向在今天尤为明显。如果一开始就从财产被毁的个人这一角度去思考，那就不会有人认为战争造成的破坏对经济有利。

那些认为战争造成的破坏能增加总体“需求”的人未意识到，需求和供给就像一枚硬币的两面，其实是从不同角度观察到的同一样东西。供给会创造需求，因为归根结底供给就是需求。人们把自己生产的东西供应给他人，其实是为了换得自己想要的东西。从这个意义上讲，农民所供应的小麦构成了他们对汽车或其他商品的需求。所有这些都是现代劳动力分工和交换经济的固有属性。

这个基本事实对于大部分人（包括一些被誉为杰出经济学家的人）来说不甚明了。他们被工资支付等复杂的机制，以及几乎所有的现代交易都以金钱为媒介间接进行的形式所蒙蔽。约翰·斯图亚特·穆勒（John Stuart Mill）等一批古典经济学家，虽然有时未能详尽阐明货币使用造成的复杂后果，至少他们透过“金钱的面纱”看到了现实的根本。就这一点来说，他们比当今那些批评他们的人更胜一筹。那些批评者非但没能从中得到启示，反而被金钱搞糊涂了。单纯的通货膨胀——也就是发行更多的货币，造成工资和物价上扬——看似创造了更多需求，但从实际物品的产量和交易量来看并非如此。

显然，生产力被摧毁多少，实际购买力就会被摧毁多少。在这一点上，对于通货膨胀造成的物价上涨或以货币计算的国民收入增加等效应，我们不应该因此被欺骗或迷惑。

人们有时说，德国人或日本人比美国人拥有更多的“战后优势”，因为他们的老旧工厂在战时被完全摧毁，从而更换为最现代化的厂房和设备，生产效率得以提高，成本得以降低，非美国那些老旧、过时的厂房与设备可比。如果真是这样，那美国人完全可以立即拆除老旧设施，从而一举消除日本和德国的领先优势。实际上，所有国家的所有制造商，都可以每年对厂房和设备弃旧换新。

道理很简单，厂房、设备都有最适当的置换率，也就是最佳的更新年限。只有在制造商的厂房、设备因为老化、过时，净值接近于零或负数，到了不得不找人拆除或者订购新设备之际，炸弹刚好在这一刻落下，帮忙摧毁了现有厂房和设施，结果才真的对该制造商有利。

确实，如果厂房、设备以前的折旧和过时程度没有充分反映在会计账簿上，财务的净损失就不会有账面损失那么严重。新厂房、新设备的出现，也的确会加快老旧设施的淘汰速度。如果那些拥有老旧厂房和设备的制造商想继续使用已经超过了利润最大化的正常期限的过时装备（假定他们有预算来添置新厂房和新设备），那么厂房、设备此时被摧毁，将带来比较优势，或者更确切地说，可以降低他们的比较损失。

简言之，我们得出的结论是：厂房毁于战火绝没有什么好处，除非那些厂房因为折旧和过时已变得毫无价值或价值为负数。

此外，在上述讨论中，我们还忽略了一个核心考量。个人（或社会主义政府）要想实现厂房和设备的更新换代，必须拥有或者能够获得积蓄或资本积累。然而，战争会摧毁累积下来的资本。

战争的确会有一些补偿性因素。比方说，战争期间的技术发现和进步，可以在某个局部提高个人或国家的生产力，也可能由此带动整个社会生产力的提高。战后需求的形态绝对不会和战前完全相同。但是，我们不能因为这些错综复杂的情形而忽视最基本的真理：大肆破坏具有价值的任何东西都会造成净损失、不幸或灾难。个别特殊情况下或许有这样那样的补偿性利益，但从总体上看，这种破坏绝不是恩赐或福音。

第4章　公共建设工程意味着税收

1

在当今世界上，没有哪种信任能比民众对政府支出抱有的信任更持久、更具影响力。各国的政府支出都被当作治愈所有经济弊病的灵丹妙药。不是说私营行业有点不景气吗？我们可以用政府支出去解决。不是说出现失业问题了吗？这显然也是“私人购买力不足”造成的。解决办法明摆着还是政府支出。总之，只需要政府花足够多的钱去补齐“不足”。

众多文献都基于这一谬论，与其他荒唐的说法相互支撑，并使之成为盘根错节的谬论之网的一部分。我们无法在本章解析整个谬论网，不过，我们能在此剖析孕育这一评论的“谬论之母”，也就是该谬论网的主干。谬论网中的其他分支则在后面的章节去解析。

除了大自然的馈赠之外，我们取得任何东西都是要付出代价的。这个世界上所谓的经济学家有的是，且个个都有不劳而获的种种办法。他们说，政府根本不用收税就能有花不完的钱；政府可以无限累积债务，根本不用偿还，因为“钱是我们欠自己的”。后面我们还会再来剖析这类奇谈怪论，但这里恐怕要坚决指出，他们过去做的这种美梦，已经无一例外地因为国家破产或者通货膨胀而破灭。我们必须明确：政府所有的支出最后都必须靠纳税人来埋单；通货膨胀本身只是税收的一种表现形式，并且是极其有害的形式。

对于有赖于政府长期借款和通货膨胀的谬论网，我们稍后再讨论。本章我们所持的是这样一种基本观点：政府即将或者最终要支出的每一元钱，都必须通过征税来弥补。一旦我们用这种方式来看问题，所谓政府支出造就的奇迹就会是另一番景象。

一定数额的公共开支对执行基本的政府职能是必要的。一定数量的公共设施建设，如街道、桥梁、隧道、兵工厂、海军船坞、议会大厦、警察局和消防队，是提供基本的公共服务所必需的。社会对这些公共工程本身有需要，需要就是其存在的理由。我要讨论的不是这方面的实际建设，而是将公共建设当作一种手段，用以“提供就业”，或者创造出原本并不存在的社会财富。

假设要建一座桥，如果它是为了满足民众的迫切需要，缓解难以克服的交通或运输问题，就不应该反对。简言之，如果让纳税人觉得集体把纳税的钱投在这里，比不纳税、个人自掏腰包更有价值，那么兴建这样的桥梁就没有什么问题。但如果是为了“提供就业机会”而建桥，那就是另外一回事了。当以提供就业机会为目的后，有无兴建桥梁的实际需要就会成为次要问题。这时，“工程”就得无中生有。政府不再只考虑哪里必须建桥，而是开始自问自答：桥可以建在哪里。政府能够想出貌似可信的理由来说明为什么需要再建一座桥，把河东和河西连接起来。没过多久，这座桥就非建不可了，那些对建桥必要性提出质疑的人，则会被认为碍手碍脚和不识时务。

关于建桥，一般有两种论调。其一主要发生在造桥之前，另一个主要流传于完工之后。第一种论调指出，造桥能够提供就业机会，比如说，一年可以提供500个工作机会。这其中的暗示是，不建这座桥，就不会有这些工作机会。

这仅是眼前的结果而已。如果我们学会进一步去看背后的结果，也就是说，不只是关注那些政府公共建设工程的直接受益者，还要同时考虑那些间接受到影响的人，我们的认识就会迥然不同。没错，造桥工人这一特殊群体可能会获得更多的工作机会，然而造桥的钱却必须从税收中支出，造桥每花一元钱，就得向纳税人征一元钱的税。要是建造这座桥得花1 000万美元，纳税人就得贡献出1 000万美元。而本来他们是可以用这笔钱去购买各自最需要的东西。

因此，造桥工程每创造一个用于公共建设的就业机会，就必定会破坏掉一个用于私人领域的就业机会。我们看到了桥梁工地上的工人们，看到了他们在工作。所以，政府支出创造就业机会的论调也就变得活灵活现，令大多数人深信不疑。但有些东西我们是看不到的，因为它们根本无法产生。这些看不到的东西，是从纳税人的口袋拿走 1 000 万美元之后而消失的就业机会。造桥工程只不过使就业机会发生了转移。造桥工人在增加，汽车工人、电视机技术员、制衣工人、农民却在减少。

桥终于建好了，这时，第二种论调上场了。不妨假定那是一座漂亮的大桥。第二种论调会说，这都得归功于政府支出的神奇魔法。要是当初那些反对者得逞，还会有这座大桥吗？若少了这座桥，国家肯定比现在更穷。

主张政府支出的人更能说服那些只看到眼前利益的人。他们看到的是桥。但如果他们能学会既看直接结果又看间接影响的话，那些原本可能产生而没有产生的东西便会呈现在他们的想象之中。他们将看到没能盖起来的房子，没能生产出来的汽车和洗衣机，没能做出来的礼服和外套，没能种出来和卖出去的食物。要看到这些没有被制造出来的东西，得靠某种想象力，这正是许多人所缺乏的能力。我们也许曾经想到过这些不存在的东西，但却不像我们每天上下班路过桥梁时所看到的那样历历在目。这其中所发生的仅仅是一件东西被创造出来，而其他的东西却没有。

2

这种推理方法同样适用于其他各种形式的公共工程。例如，动用公共资金兴建供低收入家庭使用的公共住宅。这么做，只不过是用征税的方式让收入较高的家庭把钱拿出来（也可能有一小部分是其他低收入家庭的钱），强迫他们补贴那些政府选定的低收入家庭，让后者以相同或更低的租金，住上比原来更好的房屋。

我不打算在这里探讨兴建公共住宅的种种赞成或反对意见，只想指出，赞成兴建公共住宅的最常见的两种论调都存在谬误。其一是它能“创造就业”，其二是它所创造的财富是其他方式不能产生的。这两种论调都站不住脚，因为它们忽视了赋税所造成的损失。用于兴建公共住宅的税负所毁掉的其他行业的就业机会，跟它在住房建设行业创造的就业机会一样多。这也导致有些私人住房无法盖起来，有些洗衣机和电冰箱无法生产出来，以及其他不计其数的商品和服务供给不足。

这个问题不可能有别的答案，虽然有人说兴建公共住宅不需要一次拨一大笔钱，靠每年的租金补贴就能盖好。但这种技术上的处理并未改变问题的本质，那只是把纳税人的负担分摊到许多年，而不是集中在一年。

兴建公共住宅能带来不少心理上的“益处”。建设时能看到繁忙的工地，完工后能看到崭新的建筑，入住时能看到乔迁新居的人喜气洋洋地带着亲朋好友参观房间。相反，因赋税而损失的工作是看不见的，那些无法生产出来的产品和无法提供的服务也是看不见的。每次看到那些房子，看到那些住在里面的幸福快乐的人，我们都需要重新集中精力，才能想象出那些没有被创造出来的财富。如果让主张兴建公共住宅的人注意到这点，他们会指着实实在在的公共住宅反驳说，你说的那些只是想象出来的、不存在的事物，是纯理论的东西。他们的言行令人惊讶吗？就像萧伯纳（Bernard Shaw）的剧作《圣女贞德》（*Saint Joan*）中的那个人物，当他被告知毕达哥拉斯的理论说地球是圆的，而且是绕着太阳转时，他驳斥道："十足的白痴！他不会用自己的眼睛去看吗？"

对于像田纳西河谷管理局这样的宏伟工程，我们仍需进行同样的推理。由于这项工程十分浩大，其视觉冲击力更容易让人产生错觉。你看，这是一座巨大的拦水坝，这是一座令人震撼的弧形钢筋混凝土建筑。它"比私人资本能够建造的任何东西都伟大"，它是摄影师的朝圣地、社会主义者的天堂，也是最常被引述的公共建设、公共所有权、公共设施运营奇迹的象征。这里有巨大的水轮发电机组和电站厂房。据说单靠这项工程就带动了更多的新工厂和新产业，整个地区的经济水平也得以提高。拥护者对此推崇备至，说这里创造了没有负面效应的经济净收益。

对于田纳西河流域治理工程或者类似的公共工程的功绩，我们不必在这里讨论。然而，我们必须看一看这本账的负债部分，这需要加倍努力去运用想象力，因此似乎很少人能够做到。如果政府把从个人和企业那里征收来的钱集中花在某个地方，使当地变得相对富裕，那有什么好令人惊奇的？凭什么应该视之为奇迹？但请不要忘了，其他地方会因此变得相对贫穷。所谓“私人资本建造不出来”的伟大工程，实际上正是用私人资本建造的，即利用从民间征来的税收来筹集建造工程的资本（如果是发行国债借钱的话，最后也要靠征税去偿还）。我们必须再次借助想象力，才看得到那些不存在的私营发电厂、民宅、打字机和电视机。这些东西之所以没被造出来，是因为全国各地人民口袋中的钱都被拿去建设了特别上镜的诺里斯大坝。

3

我特意选了几个备受称道的形象工程做例子，这些公共支出计划都是主张政府支出的人推崇备至的，也是公众最认可的。这类不讲求效用的欺骗性工程不胜枚举。政府推行这类计划的主要目的，无一例外都是“提供就业机会”和“让人们有工作可做”。至于计划本身的效用如何，正如我们所见，反而成了次要问题。况且，工程越是铺张浪费，耗费的人力越多，就越能达到提供更多就业机会这个目标。在这种情况下，就每花一元钱所带来的财富和福利的净增幅来说，政府官僚提出的工程计划极有可能不如纳税人自行购置或制造所需物品，这样花钱比被迫上交给国家一部分收入更值当。

第5章　税负抑制生产

还有一个深层原因，导致政府支出所创造的财富不可能完全补偿其为这笔支出征税所破坏的财富。人们常常认为，税负就好比把国家的钱从右边的口袋掏出来放进左边的口袋，但问题并非如此简单。例如，主张政府支出的人告诉我们，如果全年国民收入是15 000亿美元，联邦税收是3 600亿美元，那么就只有24%的国民收入从私人用途转到公共用途。这种说法就好像把整个国家当成资源汇聚在一处的大公司，资源转移只是账面上的调整而已。政府支出的主张者们忘了他们是把A方的钱拿去付给了B方。更确切地说，他们对此十分清楚，但他们大谈这个过程给B方带来的利益，以及由此给他带来的其他种种美好，并宣称如果没有把钱转移给他，这些美好前景就不会发生。却忘了这场交易对A方造成的影响。人们看到的是B方，却遗忘了A方。

在现代社会中，每个人所承受的所得税比例不尽相同。所得税负的重担往往会落在占国民收入很低比例的一部分人身上。而且，还必须开征其他名目繁多的赋税加以补充。这些税负不可避免地会影响纳税人的行为和动机。如果一家公司发生亏损时全额自负，赢利时每赚 1 美元却只能自留 52 美分，那么在其盈利不足以弥补亏损之时，公司的经营政策就会受到影响，它不会再扩大经营，或者只扩张那些风险最低的业务。觉察到这种状况的人甚至会打消再创业的念头。现有的雇主将不再增加员工数量，或者不想再增加那么多雇员；其他人则根本不打算成为雇主。设备改进和工厂装备改善将会放慢进度。长此以往，消费者将买不到原本可以更加物美价廉的产品，实际工资则不升反降。

把个人所得税率调升至 50%、60% 或 70% 都会有类似的影响。人们将开始扪心自问：辛辛苦苦一年下来，为什么有 6 个月、8 个月甚至 9 个月全是在为政府做贡献，只剩下 6 个月、4 个月甚至 3 个月的所得供自己和家人使用？赔钱的时候，自己必须承担全部损失，赚钱的时候却只能留下一小部分利润。他们会认为，拿自己的钱去冒这种风险未免愚不可及。此外，他们可以用来冒险的多余资金也大幅缩水，因为资本还没有来得及累积就已经被征走。简而言之，可以用来创造私有部门新就业机会的资本，一开始就无法形成，能够投入的资本，又缺乏创业的激励。主张扩大政府支出的人，宣称他们的用意是要解决失业问题，然而到头来反而制造出了失业问题。

当然，为了执行基本的政府职能，一定数量的税收必不可少，围绕这个目的的合理税收对生产不会造成太大的损害。作为回报，政府所提供的公共服务既能保护生产又能为生产者提供更多的回馈。但是，税负占国民收入的比率越高，私人生产和就业受到的抑制就越大。等到总税负大到超过能够忍受的限度时，寻求不会抑制和搅乱生产的税收机制就会成为一个无解问题。

第 6 章　政府信贷扭曲生产

1

政府对于企业的“扶持”有时和政府的反对行为一样可怕。扶持的形式通常表现为政府直接贷款，以及政府担保的民间贷款等。

政府信贷往往可能导致通货膨胀，这使问题变得更加复杂。对于通货膨胀造成的各种影响，我们留待后面的章节再去分析。为了简化起见，本章先假设我们讨论的政府信贷不具有通货膨胀的特性。后面我们将了解到，通货膨胀虽然会使分析复杂化，但不会从根本上改变所讨论政策的实施结果。

国会中常见的此类提案是增加对农民的贷款。大多数国会议员认为，农民取得的贷款永远都不够，在他们眼中，私营抵押贷款公司、保险公司或乡村银行提供的贷款从来谈不上“充足”。不管人们已经替农民找到了多少贷款，国会总能不断挖掘出现有的贷款机构还没有填补的新缺口。农民获得的长期贷款和短期贷款似乎已经够多了，但现实结果表明，“中期”贷款还不够多，农民们或者指责贷款利率太高，或者抱怨私人贷款只贷给了家道殷实的农民。因此，国会便通过立法给农民安排更多的新的贷款机构和新的贷款类别。

不难发现，有两类短视行为导致人们对这些政策“满怀信心”。一类是只从借钱农民的立场来考虑问题，另一类则是只关心交易的前半部分。

在诚信的借款人看来，所有的贷款最终都是要偿还的。所有的信用都是债务。因此，提高信用额度的提案，不过是加重债务负担的提案的代称。要是我们习惯使用第二个名称——加重债务负担的提案，而不用第一个名称——提高信用额度的提案，相信那些提案就不会再那么受欢迎了。

我们不必在这里讨论私营机构提供给农民的常规贷款，其中包括抵押贷款，让农民用于购买汽车、电冰箱、电视机、拖拉机和其他农用机械的分期付款贷款，以及供农民在收获和销售谷物前用于资金周转的银行贷款。我们这里要讨论的只是政府机构提供给农民的直接贷款，以及由政府担保的贷款。

这些贷款有两大类。一类用以帮助农民把谷物囤积起来，暂不上市销售。这是一类特别有害的贷款，让我们留待后面讨论政府实施商品管制问题时再作具体分析。另一类贷款是为农民立业提供资金——让他们买得起农场、骡子或拖拉机。

乍一看，这类政府贷款似乎很有必要。赞同者会站出来说，这里有个贫困家庭，缺乏谋生手段，让他们靠领取救济金生活是一种冷酷和浪费的解决办法。要帮助他们买个农场，帮他们立业，使他们靠劳动成为自食其力的公民，使他们能为国家的GDP（国内生产总值）尽一份力，并用自己的产出来偿还贷款。赞同者还会说，那里有位农民，买不起拖拉机，还在使用原始落后的方式耕种土地。要借钱给他买台拖拉机，帮助他提高生产力，让他能够靠增产所赚来的钱还本付息。这样一来，既能让他靠劳动致富，又能增加产出，使整个社会更加富有。赞同者最后下结论说，这类贷款因为是"自偿性"的贷款，根本不需要政府和纳税人来负担成本。

实际上，这正是私营信贷机构每天都在做的事情。倘若某人想买农场，但手头的积蓄只够农场售价的一半或三分之一，储蓄银行或邻居们会以抵押贷款的方式借钱给他凑够买价。倘若他想买拖拉机，农机公司或金融公司可以允许他首付三分之一的货款，其余的欠款可由拖拉机日后创造的利益分期偿还。

但是，私人提供贷款与政府提供贷款这二者有根本的不同。每个私营放贷者都是在用自己的资金承担风险。（银行家虽然是利用别人委托给他的钱去冒险，但一旦有损失，他也必须拿自己的钱去赔付，否则只有破产出局。）当人们拿自己的钱去冒险时，通常会慎重审查借款人是否有足够的资产做抵押，审查其经营能力和诚信度如何。

倘若政府依照同样严格的标准去办理贷款业务，那政府根本没有必要涉足这一行，去做私营机构已经在做的事。不过，政府一向是以不同的标准行事。政府之所以涉足贷款业，就是要向那些从私营机构借不到钱的人提供资金。换句话说，私营放贷者不肯拿自己的钱去冒的风险，政府却愿意拿纳税人的钱去冒。实际上，有时这种措施的支持者承认政府放贷的坏账率高于民间放贷，但他们仍坚持认为，那些有借有还的人所增加的产出，加上大部分有借无还的人所增加的产出，在抵消坏账损失后仍有剩余。

只有当我们将关注点锁定在政府资金的借款人，而忽视那些被政府的计划剥夺了资金的人的时候，这种主张才貌似成立。政府真正借出的不是钱，而是实体资本，钱不过是交易的媒介。（前面已经提醒过，我们稍后再谈由信用扩张引发的通货膨胀和其他后果。）政府真正借出去的是农场或拖拉机本身。农场的数量有限，拖拉机的产量也有限（只要不是牺牲其他产品去生产过剩的拖拉机）。把农场或拖拉机借给了 A，就没办法再借给 B。因此，真正的问题在于：应该得到农场的到底是 A 还是 B？

接下来我们就要比较 A 和 B 各自的优势所在，以及他们各自对生产有哪些贡献，或者有能力做什么贡献。假定政府不干预，A 会得到农场。当地的银行家和邻居都了解他，知道他的过去。他们也想为自己手上的资金找出路。他们知道 A 善于经营农场，诚实、守信，值得在他身上冒险。A 已经通过实干、节俭和远见攒下了足够支付农场四分之一的价款。人们若将其余四分之三的价款贷款给他，他就得到了农场。

国外有种奇怪的想法，放贷者都以为信用是银行家赋予的。恰恰相反，信用是人已经拥有的东西。一个人有信用，或许是因为他拥有资产的现金价值大于他想取得的贷款，或许是因为良好的个人品行和履历让他获得了信用。一个人本身具备信用，银行家才愿意借钱给他。银行家绝不会随随便便地借钱给别人，他需要得到偿还的保证。银行家只是把借款人的资产或信用从流动性较低的形式转换成流动性较高的形式而已。有时银行家也难免失误，这样一来，不但银行家自己受损失，整个社会也会受损失，因为借款人没能创造出应有的价值，资源被浪费了。

可以看出，具备信用的 A 是银行家愿意借钱的对象。但抱着施舍心态的政府也进入到了信贷行业，因为它更担忧 B 的处境。缺乏信用的 B，没办法从私营放贷者那里取得抵押贷款和其他贷款。他没有储蓄，缺乏出色的农场经营履历，靠领救济金生活。政府信贷的提倡者争辩说，为什么不借给他足够的钱，帮助他买农场、买骡子、买拖拉机，帮助他立业，使其成为对社会有用的生产者呢？

上述争辩就个别的案例来说，或许行得通，但就整体而言，按政府标准选定的信贷对象，风险显然高于按私营放贷标准选定的信贷对象，把钱贷给他们损失会更大。他们的失败率要高得多，效率更低，浪费的资源也更多。可是，获得政府贷款的他们将买到农场和拖拉机，本来有望获得私人贷款的人却反而得不到。B有了农场，A却被剥夺了拥有农场的机会。由于政府信贷导致利率上升，农场的价格也随之上涨，邻近地区也没有其他农场可买，A可能就这样遭到排挤。总之，政府信贷所造成的净效果是减少而不是增加了社会所能创造的财富，因为可用的实体资本（由实际的农场、拖拉机等构成）没有交给效率更高的、值得信赖的人，而是落到了低效率的借款人手里。

2

谈完农业，再来谈谈其他的商业形式，我们就可以更加清楚地认识政府信贷的谬论。经常会有人提出这样的议案：政府应该承担起“私营产业承担不起”的大风险。这意味着应该准许政府官僚拿纳税人的钱去冒险，做那些没有人会用自己的钱去冒险的事情。

这种政策会带来很多弊端。它会导致徇私舞弊：放贷给亲朋好友或者收受贿赂。它必然会导致丑闻。它会因为纳税人的钱被挥霍于失败的企业而招致责难。它会提高人们对社会主义的呼声：人们当然会问，既然政府需要承担风险，那为什么不应该同时享有利润？让纳税人承担风险而让私人资本获利，这样做有什么道理？（后面会谈到，政府对农民提供的“无追索权”贷款，正是出自这种无益的要求。）

让我们暂且略过上述诸多弊端，只谈政府贷款的一种后果：浪费资本和削弱生产。政府信贷会把可用的资本丢进糟糕的计划中，充其量也是丢进好坏难辨的计划中。政府信贷更可能把资本交给能力比较差，或者比较不可靠的人，而非应该获得的人。可是在任何时候，实体资本的数量都是有限的（有别于靠印钞机印出来的货币资本）。交到 B 手中的东西，就不可能再交给 A。

人们想用自己的资本投资，但态度谨慎。他们希望连本带利地收回投资。因此，大部分放贷者把钱投下去之前，都会预先仔细审查投资计划，仔细衡量获利预期和亏损概率。他们有时也会犯错误，但犯错的可能性小于政府放贷者。理由如下：首先，他们借出去的钱是自己的，或是别人自愿托付给他们的，而政府借出去的钱却是从纳税人那里强制征收来的，不需要顾及纳税人的个人意愿。私人资金只会投在获利回报有明确预期的地方。这表明借款人被期望能生产有市场需求的东西。而政府投钱很可能是为了诸如“创造就业”之类的模糊目的；并且，越是投向低效率项目——也就是相对于同样的产出所雇用的人数越多——此类投资提案反而越有可能受青睐。

其次，私营放贷者是经过严酷的市场筛选胜出的。经营失败就会赔钱，就再也拿不出钱借给别人。他们只有经营得很成功，才可能有更多的钱借出去。因此，私营放贷者（除去通过继承遗产获得资金的一小部分人）经过了优胜劣汰的严格考验。反观政府贷款的承办人员，要么是通过了公务员考试，知道如何用假设的方式回答假设性的问题，要么是善于找到最动听的理由把钱贷出去，善于在贷款出问题时找到最合适的借口推脱责任。不过最终结果却不会因此改变：私人贷款比政府贷款更能充分运用现有的资源和资本，政府贷款与私人贷款相比会浪费更多的资源和资本。总之，与私人贷款比较来看，政府贷款会削弱生产，而不是增进生产。

总的来说，主张政府对民间的个人或项目放贷的提案，往往都只看到 B 而忘记了 A。它只看到从中获得资本的人，而忽视了那些应该得到而没有得到资本的人；它只看得到有政府贷款注入的项目，而忽视了无法获得资本的其他项目；它只看到某个群体的眼前利益，而忽视了其他群体的损失，以及整个社会的净损失。

反对政府为私人企业或个人提供担保贷款和抵押贷款的理由与反对政府直接提供贷款和抵押贷款一样充分，尽管前者更具隐蔽性。主张政府担保抵押贷款的人，同样忽视了一点，即实际借出的终究是有限的实体资本，如果扶助了看得到的 B，必然会牺牲看不到的 A。政府担保的住房抵押贷款（尤其是免首付款或首付款很少的住房抵押贷款）不可避免地会产生更多的坏账。政府强迫全体纳税人去承担恶性风险并补偿这些损失，鼓励人们去“购买”自己其实负担不起的房子，最终造成住房供给相对过剩。政府一时间过度刺激楼市，会使得每个人（包括以政府担保抵押贷款购买房子的人）负担的房价升高，甚至可能误导建筑业过度扩张，最终结果将是各方损失惨重。简而言之，从长期来看，政府信贷并没有提高国家整体的生产，却鼓励了不当投资。

3

本章开篇处提道，政府对于企业的“扶持”有时和政府的反对行为一样可怕。这个说法，除了适用于政府贷款，也适用于政府补贴。政府必须先从企业身上取走某些东西，才有可能借钱给企业，或者给企业其他东西。我们经常听到“新政”支持者和其他的中央集权论者吹嘘，美国政府在 1932 年及其后一段时间内，通过复兴银行公司、房主贷款公司及其他政府机构来“帮助经济走出困境”。但要是政府不在事先或事后对企业课税，它就没有钱给予企业财务援助。政府的资金都来自税收。即便是备受推崇的“政府信用贷款”也是通过税收偿还贷款为前提。当政府向企业提供贷款或补贴的时候，其实就相当于对经营成功的私人企业征税，然后拿钱去扶持经营不善的私人企业。在某些紧急状况下，这么做或许可取，在此不作赘述。不过长期来看，从国家整体的观点出发，这种做法似乎得不偿失，且实际经验表明，确实如此。

第 7 章　诅咒机器

1

在所有的经济错觉中，“机器必然导致失业”这种错觉最为阴魂不散。这种错误曾经被无数人驳倒过，但总能死灰复燃，并且和以往一样“充满活力”。每当出现长时期失业潮的时候，机器总是被指责为罪魁祸首。这一谬论仍然是许多工会组织并开展运动的基础。而公众之所以普遍容忍这些做法，或者是由于他们认为工会做得对，或者是由于搞不清工会到底错在哪里。

所有那些机器导致失业的想法，若从逻辑的一致性来讲，必然都会得出一个荒谬的结论：不仅我们今天的每一项技术进步都会带来失业，就连原始人尝试摆脱苦力劳动的时候，也已经开始造成失业问题了。

让我们追溯到 1776 年出版的《国富论》（*The Wealth of Nations*）。亚当·斯密（Adam Smith）这本巨著的第 1 章叫作

“论分工”，在这一章的第 2 页，作者告诉我们，一个扣针制造业工人，如果不知道如何使用机器，“也许一天也做不出 1 枚扣针，要做 20 枚，当然是绝不可能的了”。但是使用机器之后，他一天能做 4 800 枚扣针。这样看来，在亚当 · 斯密时代的扣针制造厂，每多一台机器，就会有 240~4800 个工人丢掉饭碗。如果机器只会让人失业的话，那么扣针制造业导致的失业率就高达 99.98%，还有什么比这更糟的吗？

当时的确还有更糟的，毕竟那时工业革命正处于萌芽期。让我们来看看那场革命中的一些事件和角度。以针织袜业为例，新织袜机刚投入使用时就遭到了手工工人的破坏（一次暴动毁掉了超过 1 000 台机器），厂房被烧毁，发明人受到威胁而被迫逃命。直到军队出动，暴乱头目有的被流放，有的被处以绞刑之后，秩序才得以恢复。

必须牢记的是：单就暴乱者对于当下和未来的考虑来看，他们抵制机器是合乎理性的。威廉 · 费尔金（William Felkin）在《机器针织史》（*History of the Machine-Wrought Hosiery Manufactures*，1867 年版）中告诉我们（尽管其描述不大可信），在使用机器后的 40 年里，英格兰的 5 万名针织长袜工人和他们的家庭，大多数最终也没能从因机器而致的饥饿和困苦中彻底解脱出来。然而，大部分暴乱者坚信机器会永远取代人力的想法却是错的，因为到了 19 世纪末，针织袜业所雇用的劳工人数比 19 世纪初反而增长了至少 100 倍。

理查德 · 阿克莱特（Richard Arkwright）在 1760 年发明了新型纺纱机。据估计，当时在英格兰有 5 200 名使用纺车的纺纱工，以及 2 700 名织布工——总共有 7 900 人从事棉纺织品的生产。阿克莱特的发明在推广时遭到抵制，理由是它将威胁到棉纺工人的生计。最后，当局只好动用武力来平息抵制浪潮。然而到了 1787 年，也就是阿克莱特的发明问世后的第 27 个年头，议会的一项调查表明，实际从事棉纺织业的人数从 7 900 人增加到 32 万人。

要是读者有机会去翻一翻 1889 年版戴维 · 韦尔斯（David A. Wells）所著的《近来的经济变革》（*Recent Economic Changes*）一书，便会发现有一些章节，抛开其中的日期和数值，就跟今天那些恐惧科技的人所写的文字如出一辙。让我们来看看其中几段：

> 从 1870 年到 1880 年这 10 年间，英国的航运业不断扩大，仅进出口清关吨数就增至 2 200 万……但与 1870 年相比，1880 年航运业雇用的人数只剩下约 3 000 人（准确数字是 2 990 人）。这是怎么回事呢？原来，各个码头和船坞都安装了蒸汽吊装机和谷物升降机，并采用蒸汽动力等。
>
> 1873 年，贝塞麦转炉钢在英格兰能卖到每吨 80 美元，

这个价格并不是因保护性关税所形成的高价。而到了1886年，还是在英格兰，每吨钢的售价不到20美元，产销仍有利可赚。同期，贝塞麦转炉钢的年产量增加了4倍，而所用的人工却比从前更少了……

据柏林统计局估计，1887年在全世界投入使用的蒸汽机的动力总和，大约相当于2亿匹马的力量，相当于约10亿人的劳动力，或至少是全球劳动人口数量的3倍……

我们可以想象，最后的这些数据应该会让韦尔斯陷入沉思，他想不通为什么到1889年这个世界上竟然还有人有工作可做。但他只是矜持悲观地下了这样的结论："照此下去，工业生产过剩……可能会变为长期问题。"

在经济大萧条期间的1932年，把失业问题归罪到机器的把戏再度上演。短短几个月内，一个自称"技术统治主义"的团体提出的理论如森林大火般席卷全美。我不打算在这里详述该团体罗列的怪诞数字，也不打算通过事实真相来反驳他们。读者们只需要知道他们所倡导的"技术统治主义"是老调重弹，鼓吹机器会永远取代人力就够了。而这些人竟然以为这个论调是他们首创的真知灼见。"技术统治主义"再次印证了作家乔治·桑塔亚纳（George Santayana）说过的一句话：忘记历史的人将重蹈覆辙。

"技术统治主义"最终在人们的嘲笑声中销声匿迹，但是在此之前就已出现的信条依然存在，并且以“制造工作机会准则”“限产超雇准则”等名义反映在数百次工会行动中。公众之所以容忍甚至赞同这些准则和行动，是因为他们还没有弄清楚最基本的问题。

1941 年 3 月，科温 · 爱德华兹（Corwin Edwards）代表美国司法部在美国临时经济委员会（TNEC）作证时，围绕这类行动列举了大量实例。例如，纽约市的电气工会被指控拒绝安装纽约州以外的企业生产的电气设备，除非那些设备在安装现场拆解后重新组装才行。在得克萨斯州的休斯敦，高级管道工和管道工工会要求，在施工现场，预制管道一端的螺纹必须先锯掉，然后再重新切削螺纹，才允许安装。各地油漆工会的分会则纷纷限制使用油漆喷枪，只准用效率低下的油漆刷，主要是为了“制造工作机会”。美国卡车司机工会的一个分会，要求进入纽约市区的每一辆卡车，除了原来开车的司机，还必须多雇用一名当地的司机。许多城市的电气工会要求，建筑工地如果要使用临时照明或临时用电，必须雇用一名全职的维修电工，但不准安排这个电工参与电气施工工作。爱德华兹先生说，根据这个规定，建筑工地“往往雇用一名终日无所事事的人，整天翻报纸、玩纸牌，其工作就是在上下班时按一下电源开关”。

在其他许多领域，也都存在这种凭空“制造工作机会”的做法。在铁路行业，工会坚持在那些不需要司炉的火车机车上雇用司炉工。剧场工会坚持雇用布景装拆工人，哪怕演出中不用布景也不能例外。音乐家联合会要求在即使放唱片就能完成的演出中，也要雇用所谓的占位音乐人，或甚至整团的占位管弦乐队。

到 1961 年，没有丝毫迹象显示这种谬论已经销声匿迹。这时，不但工会领袖，就连政府官员也郑重地宣称，“自动化”是失业的主要原因。他们谈到自动化，好像那是一个全新的事物。其实那只是持续的科技进步和省力设备不断改进后的新名称而已。

2

然而，即便在今天，反对省力机械的论调不只出现在不懂经济学的人身上。在 1970 年就出版了一本这样的书，其作者颇受尊崇且后来荣获了诺贝尔经济学奖。他在书中反对经济欠发达国家采用省力机械，理由竟是机器会“减少对劳动力的需求”！按此逻辑得到的结论就是：要想创造尽可能多的就业机会，就必须让所有劳工尽可能地从事缺乏效率和收益的工作。这就意味着，19 世纪初捣毁织袜机、蒸汽动力织布机和剪切机的英国卢德派暴乱分子的所作所为都是对的。

我们可以用一大堆数字来说明，过去那些恐惧科技进步的人错得有多么离谱，但这样做无济于事，除非我们清楚地认识到他们出错的原因。因为如果我们不能以演绎的方式，对事实有一个起码的认识，经济学中的统计数学和历史就没有任何意义——这就意味着我们必须了解为什么过去在采用机器和其他的省力装置之后，必然会产生那样的结果。要是我们不这样做，恐惧科技进步的人就会狡辩说："过去的状况还能说得过去，但是今天的状况已经发生了根本性的变化，如今我们根本无法承受更多省力机器的开发。"（当有人指出他们前辈的预言被证明是荒谬的时候，他们正是以此来辩解的。）1945 年 9 月 19 日，在某报业集团旗下的报纸专栏中，第一夫人埃莉诺·罗斯福（Eleanor Roosevelt）写道："发展到今天，省力装置只有在不使人们失业的情况下，对我们才是有利的。"

如果采用省力机器确实会造成失业率不断上升、加剧不幸的话，我们将合乎逻辑地得出颠覆性的结论，不仅会颠覆技术领域的观念，而且会颠覆整个人类文明的观念。我们不仅应该把所有的新技术进步都视为一场灾难，而且更该觉得过去所有的技术进步也同样恐怖。每天，我们每个人在处理个人事务时，总希望省心省力做完该做的事情。每个人都想少花力气多办事。大大小小的雇主，总在设法通过节约劳动力来提高经济效益。头脑灵活的工人，都会想办法以最少的付出去完成上面指派的工作。雄心勃勃的人，总在坚持不懈地跟时间赛跑，设法提高工作效率。如果严守逻辑上的一致性，那么恐惧科技进步的人必须摒弃所有这些进步和智巧，因为技术进步不但无益，反而有害。比方说从芝加哥运货到纽约，要是能大量雇用人力，我们何必还要用火车，让人扛起货物背过去得了。

类似这样的错误理论，在逻辑上从来都站不住脚，但危害巨大，因为还是有人相信。因此，我们需要设法弄明白：技术改良和采用省力机械之后，到底会发生什么事？每个实例的细节各不相同，取决于某个行业或特定时期的具体状况，我们将采用一个囊括主要可能性的范例。

假设有位制衣商了解到，有种机器可以用以往一半的人力生产男式和女式大衣。他购置了这种机器，并且裁掉了一半的员工。

乍看起来，这是明显的就业机会损失。然而，机器本身需要劳工去生产，从而带来原本不存在的工作机会作为补偿。不过，只有当这种机器可以用过去一半的人力生产出更好的大衣，或是能以更低的成本生产出同样的大衣时，制衣商才会购置机器。假设是后一种情况，我们就不能假定制造机器耗费的劳动量，以工资来计算的话，正好等于制衣商购置机器时期望能长期节省的劳动量，否则就没有经济效益可言，制衣商也不会购置那种机器。

这么算来，就业机会仍然出现净损失。但我们至少要记住，采用省力机械带来的第一个效果很有可能是增加社会整体就业。因为制衣商使用机器，通常只是期望机器能长期帮他省钱：也许得花几年时间机器才能“挣回本钱”。

等到机器挣够了本钱，制衣商就可以获得比从前更多的利润（我们假设其大衣的售价仍和竞争对手相同且能轻松降价促销）。这时候，似乎劳工的就业机会遭受了损失，只有那位制衣商（也就是资本家）才能从中获利。但正因为资本家有了超额利润，相应的社会利益才得以体现。这位制衣商只有三种途径用掉超额利润，并且有可能在三个方面都分配一些资金：（1）用超额利润扩大生产，购置更多的机器，生产更多的大衣；（2）将超额利润投资到其他行业；（3）将超额利润花掉，增加个人消费。无论他把利润用于哪个方面，都会增加就业机会。

换句话说，这位制衣商由于节省开支而获得了以前没有的利润。他从制衣工人的直接工资中节省下来的每一元钱，现在必须以间接工资的形式支付给新机器的生产工人，或者支付给他所投资的其他行业的工人，或者支付给为他盖新房、造新车的工人，或者通过为太太添置珠宝和皮草，支付给相关行业的人。不管支付给什么人（除非他是十足的守财奴），他所间接提供的工作机会，将和他削减的直接工作机会一样多。

此外，事情不会，也不可能就此打住。如果这位事业心强的制衣商跟竞争者相比在业界拥有相当大的成本优势，他要么会开始扩张运营规模，威胁竞争者，要么逼迫他们也着手添置机器。于是，机器生产工人将得到更多的工作机会。同时随着竞争的加剧和产品的增多，市场也会开始压低大衣的价格。那些新添置机器的制衣商无法享有以前那么高的利润。率先使用新机器的制衣商的获利率也开始下滑。仍未使用机器的制衣商可能根本无法获利。换句话说，原先节省下来的成本开始向大衣的购买者——也就是消费者转移。

大衣越便宜，买得起的人就越多。这意味着，尽管生产同样数量的大衣需要更少的劳工，但现在的大衣总产量却比以往大了许多。如果人们对大衣的需求像经济学家所说的那样具有“弹性”，也就是说，价格下跌能刺激消费，消费者花在购买大衣上的总金额会比以前多，那么整个制衣业所雇用的劳工人数，甚至可能比使用机器之前更多。我们已经看到历史上这种情况曾出现在制袜业和其他纺织品业中 。

但是，新的就业并不完全依赖于特定产品所具有的需求弹性。假设大衣的价格降了几乎一半——比如从先前的 150 美元降为 100 美元，且总销量跟以前持平，其结果就是，消费者和以前一样都有了一件新大衣，每位消费者现在都节省下了 50 美元。他可以把这 50 美元花到其他地方，从而增加其他行业的就业机会。

总之，整体而言，机器、技术进步、自动化、降低成本和提高效率并不会使人失去工作。

3

当然，人类的发明和发现并不都是“劳力节约型”机器。其中有一些目的在于改良产品性能，如精密仪器、尼龙、合成树脂、胶合板和各种塑料。其他如电话和飞机这样的发明创造所执行的作业是人力无法直接执行的。更有一些发明创造给人类带来了前所未有的产品和服务，如 X 光机、收音机、电视机、空调和电脑。但在前面的论述中，我们所选取的正是当代恐惧科技进步的人尤其抵制的机器类型。

当然，认为机器总体而言不会让人失业的论调也有可能说过了头。例如，有时人们主张，机器能创造更多的工作机会。在某些情况下，这种说法可能符合事实。在某些特定行业中，机器绝对能创造远多于从前的工作机会。18 世纪的纺织业便是一个很好的例子。现代的新兴产业与之相比有过之而无不及。1910 年，美国有 14 万人受雇于新兴的汽车制造业。到 1920 年，由于产品改良和成本降低，有 25 万人受雇于这个行业。到 1930 年，随着产品继续改良，成本继续降低，汽车行业从业人员达到了 38 万人。1973 年，这个数字上升到 94.1 万。同样在 1973 年，有 51.4 万人受雇于飞机及其零部件制造业，39.3 万人从事电子元器件制造。由于发明的改进和成本的降低，在一个接一个的新兴产业中，的确都出现了上述情况。

说机器使就业机会出现了激增，从绝对意义上来说是对的。当今全球的人口是18世纪中叶工业革命初期的4倍，因此也可以说，是机器带动了人口增加。如果没有近现代机器，这个世界根本无法养活那么多人。即我们中四分之三的人能有工作可做，能够在这个世界上生存，都要拜机器所赐。

然而，认为机器的功用主要在于创造工作机会是一个误解。机器带来的实际功效是促进生产，提高生活水平，增加经济福利。从没有什么绝招让人人都有工作可做，即使（或尤其是）在最原始的经济中也是如此。充分就业——非常充分的就业，长时间工作、身心疲惫、累死累活的就业状态——正是工业发展最迟缓的国家的特色。对于已经达到这种充分就业的地区，新机器、新发明和新发现并没有办法增加就业，必须要等到人口有所增长才有办法。新机器的确有可能使失业增加（但这里谈的是自愿性失业，而不是非自愿性失业），因为人们如今可以不必工作那么长的时间，儿童和老人也不用再工作。

我们需要重申，机器带来的是生产的增加和生活水平的提高。这个结果可以通过两条途径来实现：机器使消费者购买的产品变得更加便宜（在前面大衣例子中已有说明），或者提高工人的生产力，从而提高工人工资。换句话说，机器能够提高货币工资，或者能够降低物价，让同样的薪水能买到更多的产品和服务。有些时候这两种情况会同时发生。至于到底会发生哪一种，主要视国家的货币政策而定。但不管是何种情况，机器、发明和发现都会提高实际工资水平。

4

在我们结束这个话题之前，有必要再提醒一下读者。古典经济学家的可贵之处，在于他们能观察到间接后果，即他们关注特定经济政策或经济发展对整个社会的长期影响。但是他们的不足之处在于，过分注重长期和全局，有时反倒无视短期和局部效应。他们往往会轻视经济发展对特殊群体的即时影响，甚至根本不放在心上。例如在工业革命初期，很多英格兰手工织袜工人所遭遇的不幸，正是由于新织袜机的发明和应用。

不过，这些事实及其现代版本，又使得某些学者走向了另一个极端，也就是只关注特定群体所遭受的即时影响。例如，由于某种新机器投入使用，乔·史密斯失去了工作，那些学者于是呼吁："关注乔·史密斯，绝不要忘记他。"但他们接下来所做的是，只看到乔·史密斯而忽略了刚得到制造新机器工作的汤姆·琼斯、刚得到操作新机器工作的泰德·布朗，以及现在只需要用过去一半的价钱就能买到大衣的黛西·米勒。由于他们只想到乔·史密斯，他们鼓吹倒行逆施的荒谬政策。

的确，我们至少应该给予乔·史密斯一些关注。他因新机器而失去了工作。或许他可以去找另一份工作，说不定比过去的工作还好。但实际的情形也可能是，他多年所学习和精进的某项特殊技能，市场不再有任何需要。他对自身与旧技能的投资全都白费了，正如他的老雇主在旧机器或旧工艺流程上面的投资突然因为落伍过时而血本无归一样。他本来是技术工人，拿的是技术工人的工资。因为他的技能不再有人需要，他一下子又沦为非技术工人，只能领到普通工人的工资。我们不能也绝对不应该忽略乔·史密斯。我们会了解到，几乎所有的工业和经济进步都会带来个人悲剧，他是众多不幸者之一。

对于乔·史密斯，我们到底应该怎么办——让他自己去适应变化；发放遣散补偿金或失业补助给他；领取救济金度日；或者由政府出钱培训，帮助他再就业——这些话题已经超出了本章要讨论的范围。核心教训是，我们应该设法观察经济政策或经济动向的所有主要后果——既观察其对特定群体产生的即时影响，又观察其对所有群体产生的长期影响。

我们在这个主题上花费了大量篇幅，这是因为就新机器、新发明和新发现对于就业、生产和福利的影响而言，我们所得出的结论至关重要。如果结论是错误的，那么我们在经济学上就很难做多少正确的事情。

第8章　摊享工作机会的企图

我已提及工会“制造工作机会”和“限产超雇”的种种做法。这些做法的产生，以及公众对其的容忍，跟他们害怕机器一样，都源自相同的基本谬论：用更有效率的方式去做事会破坏工作机会。其必然推论就是，低效率的做事方式可以创造工作机会。

与此谬论相似的另一种论调认为，世界上可做的工作是有限的，要是我们想不出更烦琐、拖沓的做事方式来增加工作量，至少可以想方设法将事情分摊给尽可能多的人去做。

这种错误认识演化成了许多工会坚持“细部分工”的行动准则。在大城市的建筑业中，细部分工的做法尤其恶劣。不允许泥瓦匠使用石材做烟囱，因为那是石匠的专门工作。处理接线不良是电工的事，但拆装线槽木板这样的操作，不管有多简单却必须由木匠来做。管道工若要处理浴室的漏水问题，则非得由泥瓦匠来帮他撬开和铺回地砖。

对于涉及交叉工种的工作，工会之间常发动激烈的“管辖权”罢工来争取专属工作权利。美国铁路公司送交司法部长行政程序委员会的一份声明列举了大量有关国家铁路调节理事会的例子：

> 铁路上的各项独立作业，无论多么微不足道，例如接听电话或者扳动开关，至今都是特定工种员工的专属权。如果其他工种的当班工人在本职工作之外干了这份工作，那么不仅要给该员工多支付一天的工资，还必须向此工种的待岗或失业工人支付一天的工资，因为没有让他们做此工作。

的确，少数人可以以牺牲其他人的利益为代价从这种随意的细部分工中获利——前提是这种情况只发生在少数人身上。但是，支持将其做法普遍化的人没有看到生产成本一定会因此增加，没有看到这样做的总体结果是工作做得更少，生产出的产品更少。如果户主被迫雇用两个人来做本来一个人就可以完成的工作，的确会多给其中一个人就业机会，但是他能够花在其他东西上面的钱就会变少，自然就削减了生产其他东西的就业机会。由于他解决卫生间漏水问题多花了一份冤枉钱，他决定不买自己想要的新羊毛衫。“劳工”并没有捞到更多好处，因为每天多雇用一名多余的泥瓦匠，而一名羊毛衫编织工或编织机操作工就会在这一天失业。户主的处境也因此变得很糟糕。户主本来可以修好管漏并拥有一件羊毛衫，现在卫生间是不漏水了，却没了羊毛衫。如果我们把这件羊毛衫算作国家财富的一部分，那么整个国家就少了一件羊毛衫。这就是靠采取不合理的劳动分工来增加就业的最终结果。

“摊享工作机会”还有其他做法，而且往往是由工会发言人和国会议员提出的。其中最常见的是缩短每周工时的提案，并由此形成相应的法规。认为有助于“分散”和“提供”更多的工作机会是现行《联邦工资工时法》制定惩罚性加班条款的主要原因之一。各州先前有关雇用女性或未成年人的法律禁止每周工作超过 48 小时（举例而言），主要是担心较长的工时有害健康，造成不良的工作情绪。另一些相关法律是考虑到长时间的工作有损效率。但是，联邦法律的条款规定，只要雇工每周工作超过 40 小时，雇主就必须按每个小时的正常工资标准加付 50% 给他。这一条款的制定依据不是因为政府相信每周工作 45 小时（举例而言）有害健康或有损效率，而是希望借此提高劳工每周所得，同时借此遏制雇主对于员工每周工作超过 40 小时的要求，进而达到迫使雇主增雇员工的目的。就在我撰写这些文字时，仍有许多提案希望通过法定一周工作 30 小时或工作 4 天来“避免失业”。

无论是出于个别工会亦或法律要求，这些做法的实际效果如何呢？我们将通过分析下面两种情况来阐明这个问题。

第一种情况是把周标准工时从 40 小时缩减为 30 小时，小时工资率不变。第二种情况是把周工时从 40 小时缩减为 30 小时，但是调高小时工资率，保证从业员工维持原有的周薪水平。

我们先来分析第一种情况。假设每周工时从 40 小时减为 30 小时，而小时工资率不变。若实行该措施时，恰逢失业潮，这么做无疑可以增加就业机会。但我们不能假设，这样做会增加足够多的工作机会，维持先前的薪资和工时数。除非我们提出一些不切实际的假设：每个行业的失业率都相同，每个工种新手的工作效率都赶得上熟手。我们姑且认为以上假设成立，再假定每种工作都有足够多的工人可雇用，假定新雇的工人不增加生产成本。那么，将周工时从 40 小时缩减至 30 小时（不增加小时工资），将会带来什么结果呢？

尽管有更多的人就业，但每个人的工作时数都会减少，总工时因而不会增加，产量也不可能显著提高，工资总额和整体“购买力”同样不会变大。即使在最理想的假设之下（这种情况几乎不可能发生），实际结果只可能是老员工补贴新员工。如今，新员工的周薪能够拿到老员工原有工资的四分之三，而老员工只能拿到原有工资的四分之三。老员工的每周工作时数的确变短了，但是这种用高代价换来的休闲时间并非出于自愿，而是通过牺牲自己来为他人创造就业机会。

那些要求缩短每周工时以“摊享工作机会”的工会领袖通

常都能认识到这一点，因此他们提出的建议就是让每个人都能分一杯羹。他们告诉我们，要将周工时从 40 小时缩减至 30 小时以提供更多的工作机会，但是增加 33.33% 的小时工资以补偿缩短工时造成的工资下降。举例来说，如果受雇的员工以前每周工作 40 小时，平均可领 226 美元，为了使他们每周只工作 30 小时仍能领到 226 美元，小时工资率必须提高 33.33%，小时工资增为 7.53 美元。

这种方案会有什么后果？最明显的结果是生产成本上涨。假设员工以前每周工作 40 小时，所得的工资低于生产成本、价格、利润所允许的工资水准，那么不必缩短每周工时，小时工资率也有可能提高。换句话说，他们每周工作与从前相同的时数，周薪就可能提高三分之一，而无须像工会领袖的新办法所说，让你每周少工作 10 小时，周薪不变。但如果在每周工作 40 小时的办法下，员工所领工资已经达到了生产成本、价格可容忍的上限（工会试图解决的失业问题或许恰恰表明了工资水平已超过该上限），那么小时工资率提高 33.33% 所造成生产成本上涨幅度，将超出目前的价格、生产和成本状况所能忍受的程度。

因此，提高工资率将导致比以前更高的失业率。效率最差的公司会被淘汰出局，效率最差的员工会被炒鱿鱼。生产规模全面萎缩。生产成本上升及供应减少将迫使产品价格上涨，劳工以同样的工资能买的东西因而更少了；另一方面，失业率回升会削弱消费需求，导致产品价格下跌。价格最终是涨是跌，取决于当时的货币政策。若实施通货膨胀政策，产品价格上涨有可能使得劳工的工资率上升。但通货膨胀只不过掩盖了实际工资率的下降，若以劳工能够买到的产品来衡量，劳动报酬和以前相比不会有起色。最终的结果必然跟周工时减少但小时工资率并未提高的情况一样。这种情况的结果之前已讨论过。

简言之，摊享工作机会的企图还是源于我们讨论过的错觉。支持这种方案的人，只考虑到他们能够向特定个人或群体提供就业机会，而忽略了这些措施对其他人造成的整体影响。

正如我们在本章开头所指出的那样，摊享工作机会的企图源于一个错误的假设：世界上可做的工作是有限的。恐怕再也找不出比这更荒谬的论调了。只要还有人的需要或愿望尚未得到满足，能做的事就没有止境。在现代交换经济中，当价格、成本和工资彼此之间呈现最佳关系时，市场所创造的工作机会最多。我们将在后面的章节中专门讨论这种关系。

第 9 章　遣散军队和裁减公务员

1

每逢战争结束，军人复员的时候，人们总是担忧没有足够多的工作岗位来安置这些复员军人而使其失业。确实，数百万军人突然被遣散，私企需要一段时间才能重新吸纳他们——但是以往最为出色之处是吸纳的速度非常快，而不是很慢。人们对失业问题忧心忡忡，是因为他们只考虑到了这个过程的一个侧面。

人们看到退伍军人涌入劳动市场时，不禁要问，哪来那么多"购买力"雇用这些人？如果我们假设公共预算收支平衡，答案则会很简单。政府在战后不用再维持庞大的军队。纳税人以前被征去供应军队的钱，现在可以留着自己用，这样他们就有更多的钱去购买更多东西。换句话说，民众需求将增加。这就能为复员军人提供就业机会。

如果战时预算不平衡，也就是靠政府公债和其他的赤字财政形式来供养军队，情况则会有所不同。但这引出了另一个问题：我们将在后面的章节再讨论赤字财政的影响。这里只需要知道赤字财政和我们讨论的要点无关即可。因为要是我们认为预算赤字有利，那么只需要减税，只要减税额和以前花在战时军队上的钱一样多，我们就能维持原来的财政赤字水平。

但是，军人复员转业之后的经济，与遣散之前的经济不会相同。以前靠平民养活的军人现在不用再被养活，而且还成了自食其力的平民。如果我们认为原本留在军中的军人不再为国防所需，那么继续把他们留在军中就纯属浪费。他们不从事生产，纳税人出钱供养他们也得不到回报。但是现在，纳税人把这一部分钱用在复员转业人员身上，相当于换取等值的产品或服务。国民生产总值，或者说每个人的财富，就增加了。

2

同样的推理也适用于公务员冗余，为社会提供的服务与其薪酬不符的情况。可是每当有人想要裁减多余的公务员，总会遭到极力反对，说裁员会造成“通货紧缩”。裁员？你是要裁掉这些公务员的“购买力”吗？你想要损害依赖那些购买力的房东和商家吗？你这么做，纯粹是在削减“国民所得”，引发或加剧经济衰退！

发出这种谬论的人，又只看到了裁员对公务员的影响，以及对做这些公务员生意的商家的影响。发出这种谬论的人未意识到，在裁员之后，原先被征去养活这些冗员的钱就可以留给纳税人自己支配，同时，纳税人的所得及购买力的增幅，至少跟被裁冗员的所得及购买力的减幅相当。即使过去做公务员生意的商家有损失，别处的商家还会赢得同样多的生意。华盛顿或许不会像以前那般繁华，容不下以前那么多商家，但其他城镇会有更多的商铺开张。

而且事情还不止如此。裁掉冗员之后的国家与留用冗员时相比，只会更好，不会更糟。因为这部分人必须自谋职业或自己创业。而且纳税人购买力增加，将有助于此，这跟军人复员的情形一样。但这些人只有为雇主或顾客提供等值服务，才能在私营部门就业。他们不再是社会的寄生虫，而成为有用的人。

我必须重申，我所说的裁员并不是裁掉真正为社会需要提供服务的公务员，例如：警察、消防员、环卫工、卫生官员、法官、议员和行政人员。这些人提供的生产性服务跟私营部门的员工一样不可或缺。他们的服务使私营部门得以在法制、有序、自由、和平的环境中运作。但留用他们是因为他们提供的服务有其效用，而不是因为他们靠支配纳税人的钱所拥有的“购买力”。

这种“购买力”论调推敲起来就显得异想天开。这套说辞对骗子和窃贼同样适用。窃贼窃取你的钱之后，他的购买力也会提高。他把盗窃来的钱花在酒吧、餐厅、夜总会、服装店，甚至拿去买车。但窃贼的花销所提供的每一个工作机会，都是建立在你的损失以及你可以提供的工作机会的损失之上。同理，公务员的支出每提供一个工作机会，纳税人那边就要少提供一个工作机会。钱被盗窃，对于你而言是一种白白损失，钱被征去养活那些冗员，对于你同样是一种白白损失。要是那些冗员无所作为，我们还算走运；更糟的是，冗员之中不乏干劲十足的"改革者"，或许正在忙着抑制和干扰生产。

如果留用一批公务员只是为了保住其购买力，而找不出其他更有力的理由，那就表明应该把他们从政府机关中剔除。

第10章　盲目崇拜充分就业

与个人的经济目标一样，国家的经济目标也是用最少的付出获得最大的收益。人类整体经济的进步，靠的是以同等的劳力获得更多的产出。正因为如此，人们用骡子代替人力负重，接着发明轮子和四轮马车，进而发明铁路和卡车。也正因为如此，人类运用自己的聪明才智，创造出了成千上万的省力发明。

这个出发点再简单不过了，如果不是杜撰和散播新口号的人一再忽视这个出发点，真的让人羞于启齿。提升到国家层面来说，这一首要原则意味着：追求生产最大化才是我们的真正目标。为此，充分就业——指没有非自愿性的失业者——就会成为必要的副产品。不过，就业只是手段，生产才是目的。少了充分就业，我们无法实现充分生产这个目标。不过，就算不是为了充分生产，我们也可以轻松实现充分就业。

原始部族成员赤身露体，吃、住条件都很差，可是他们却没有失业问题。印度远比美国贫穷，但它们的主要问题也不是失业问题，而是生产方式太过落后（这既是资本短缺的原因，也是资本短缺的结果）。充分就业一旦偏离了充分生产这个目标，或者充分就业成了最终目标，事情就会变得很简单。希特勒通过庞大的扩军备战计划实现了充分就业。第二次世界大战让每个参战国都实现了充分就业。德国的苦役充分就业了，监狱戴镣铐的囚徒也充分就业了。胁迫总能保证充分就业。

然而，议员们在国会提出的往往不是“充分生产”议案，而是“充分就业”议案。就连各商界委员会呼吁成立的也是“总统充分就业委员会”，而非“充分生产委员会”或“充分就业与充分生产委员会”。手段成了目标，目标本身反而被处处忽略。

这些人讨论起工资和就业，就好像它们与生产力和产出没有丝毫联系一样。他们认定可做的工作是有限的，所以得出的结论是每周工作 30 小时比工作 40 小时要好，而且能提供更多的就业机会。工会变着花样“制造工作机会”的做法被稀里糊涂地一再容忍。美国专业音乐人工会领袖詹姆斯·凯撒·皮特里洛（James Caesar Petrillo）扬言，若某广播电台不以 2 倍于实际需求的量雇用音乐工作者，就让该广播电台关门。一部分民众支持他，认为他的出发点只是想要创造更多的工作机会。美国设立了工作促进署（WPA）之后，官员被视为“天才”的一个标志就是能规划项目，让价值量一定的工作雇用最大数量的人力——换句话说，让劳动效率变成最低。

如果可以的话——实际上不能，采取生产最大化政策，同时光明正大地救济一部分失业人口，远比打着“充分就业”的幌子，用“制造工作机会”来扰乱生产要好得多。文明的进步意味着就业人口的减少而非增加。正因为国家变得日益富裕，我们才得以消除童工的使用，让老人无需工作，数百万的妇女也不再需要外出工作。又如，在美国必须出去工作的人口比例，远低于中国或俄罗斯。真正的问题并不在于 10 年后美国还能提供多少就业机会，而在于我们的产出能达到多少，我们的生活水平能因此提高多少。只要有更多的产品可供分配，今天人们极力强调的分配问题便能更容易地得到解决。

我们若能把重点放在该放的地方，也就是采取生产最大化的政策，我们就不会迷失。

第11章　关税“保护”了哪些人?

1

单单列举各国政府的经济政策很可能会令那些认真学习经济的学生垂头丧气。他们可能会问：各国政府对国际关系相关事务的普遍认识和实际政策还赶不上亚当·斯密的学说，那么讨论经济理论的改良和进步还有什么意义呢？如今的关税和贸易政策，远比17世纪和18世纪时还要糟糕。开征关税和设立贸易壁垒的真正理由跟以前一样，托词也跟以前一样。

自《国富论》问世两个多世纪以来，自由贸易的主张曾经无数次被谈及，但都不如《国富论》讲得那么直接、简洁、有力。亚当·斯密的立论大致基于这样一个基本命题：“在任何国家，人民大众的利益总在于而且必然在于，向售价最低廉的人购买他们所需要的各种物品。”斯密接着说道：“这个命题是非常明确的，费心思去证明它，倒是一种滑稽的事情。如果没有这些商人和制造业者自私自利的诡辩混淆了人们的常识，这亦不会成为什么问题。”

从另一个角度来看，自由贸易可以被视为专业分工的一种方式：

> 如果一件东西在购买时所费的代价比在家内生产时所费的小，就永远不会想要在家内生产，这是每一个精明的家长都知道的格言。裁缝不想制作他自己的鞋子，而向鞋匠购买。鞋匠不想制作他自己的衣服，而雇裁缝制作。农民不想缝衣，也不想制鞋，而宁愿雇用那些不同的工匠去做。他们都感到，为了他们自身的利益，应当把他们的全部精力集中使用到比邻居处于某种有利地位的方面，而以劳动生产物的一部分或同样的东西，即其一部分的价格，购买他们所需要的其他任何物品。在每一个私人家庭的行为中是精明的事情，在一个大国的行为中就很少是荒唐的了。

但到底是什么让人们认为，在每一个私人家庭的行为中是精明的事情，在一个大国的行为中，就有可能是荒唐的呢？这是一张人类仍未梳理清楚的谬论网。不过，其中的中心谬论则是本书要剖析的。这个中心谬论是，仅仅考虑了关税对特定群体产生的即时影响，而未考察关税对整个社会的长远影响。

2

美国一家羊毛衫制造商，跑到国会向相关的委员会说，对英国羊毛衫减免进口关税会给国家带来灾难。他的羊毛衫售价为每件 30 美元，但是同样品质的英国羊毛衫售价是 25 美元。因此，征收这 5 美元关税是他维持经营所必需的。当然，他并非只顾自己，而是替他那 1 000 名员工着想，替那些因消费而为自己制造就业机会的人着想。任由这些人丢掉饭碗，失业率就会上升，购买力就会下降，负面影响会像涟漪一样层层往外扩散。要是这个制造商能够拿出确凿的证据，证明减免关税定会使他倒闭出局，国会肯定认为他的反对意见无可辩驳。

但谬论在于只看到这家制造商和他的员工，或者只顾及美国羊毛衫业。这种谬论源自只关注看得见的即时结果，而忽视看不见的结果，因为后一类结果出现的机会被剥夺了。

游说者为了寻求关税保护，不断地用与事实不尽相符的证据进行申辩。我们假设，那家羊毛衫制造商以上所述的就是事实，假若对该制造商而言，必须对每件进口羊毛衫征收 5 美元的关税，他才可以继续经营，才可以继续为现有员工提供工作机会。

我们刻意选择取消关税这种最棘手的例子来作说明。这个例子并未主张开征新关税，以使新行业诞生，而是主张保留一个让现有行业能够继续存在的关税。一旦取消关税，将不可避免地伤害到一些人的利益。

关税被取消了，那位制造商破产，1 000 名员工被遣散，靠这群人发财的商家生意受损。这是看得到的即时结果。但还有一些结果，虽然难以追踪，但同样直接且真实。以前 30 美元一件的羊毛衫现在只卖 25 美元，消费者花更少的钱，就能买到同等品质的羊毛衫，或者花 30 美元，能买到品质更好的羊毛衫。如果他们选择前者，不仅有羊毛衫穿，省下的 5 美元还可以拿去买别的东西。消费者用 25 美元买进口货，是在促进英国羊毛衫行业的就业，这也是那个美国制造商的设想。而消费者省下的 5 美元，则会促进美国其他产业的就业。

由此产生的结果还不止这些。美国人把钱掏给英国人之后，英国人还会拿这些美元去购买美国产品。事实上，英国人手上的美元最终只能拿去购买美国产品（这里暂且忽略汇率波动、贷款、信用等复杂因素）。由于关税减免，允许英国人出售更多的产品给美国，现在他们才有能力从美国买更多的产品。其实，美元最终只能用来买美国产品，除非他们永远不花手中的美元。因此，允许进口更多英国产品，必将出口更多的美国产品。虽然美国的羊毛衫行业就业不如从前，但其他更有效率的行业，如洗衣机或飞机制造行业，却得以雇用更多的员工。美国的整体就业率并未下降。这样一来，美国和英国的整体生产就会增加。两国的劳动力资源都流向了各自的优势产业，而不必继续滞留在缺乏效率或者成果差的产业。两国的消费者都得到了实惠，他们可以买到最便宜的产品。进口羊毛衫能让美国的消费者受惠，而进口洗衣机和飞机同样能让英国的消费者受惠。

3

我们从另一方面来分析这个问题，看看新开征一种关税会带来的影响。假设美国对进口针织品还不曾征收关税，美国人已经习惯购买售价不含关税的进口羊毛衫。现在，有种论调说：只要对进口羊毛衫征收 5 美元的关税，美国的羊毛衫产业就会诞生。

这种论调本身并没有什么逻辑问题。关税抬高了英国羊毛衫在美国的售价，使得美国厂商进入羊毛衫行业有利可图。但美国消费者将被迫补贴这个产业。他们每买一件国产羊毛衫，相当于还要被迫缴 5 美元的关税，因为新诞生的国产羊毛衫比不征关税的进口羊毛衫更贵。

一些美国人将受雇于羊毛衫产业，而以前其受雇人数为零。这话大致不错。但是整个国家的从业人数或就业机会不会有任何净增长。因为消费者要多花 5 美元去购买同品质的羊毛衫，可用于购买其他产品的钱就少了 5 美元，他将不得不因此缩减相应的开支。为了使一个产业增长或形成而开征关税，其他 100 种产业将会因此萎缩。为了让 5 万人能够受雇于羊毛衫产业而开征关税，其他产业的从业人数将不得不因此损失 5 万人。

即便如此，新产业更容易被人关注。无论其从业人数、投入的资本还是产品市场价值，测算起来都很容易。邻居们每天都能看见羊毛衫厂的工人上下班。这些结果直接并且明显。但是其他 100 种产业的萎缩，及其损失的 5 万个工作机会，则不容易为人们所注意。即使是最高明的统计专家，也不可能准确统计出对进口羊毛衫开征关税所造成的损失，也说不清其他行业有多少男女劳工因此失业，每个产业的收入到底因此损失了多少——因为消费者得花更多的钱买羊毛衫。由于损失被分摊到了美国其他所有生产活动中，任何人不可能知道要是能把那 5 美元留下来的话该怎么花。因此绝大多数人会因此受损，错误地认为新产业对他们毫无损害。

4

值得注意的是，加征羊毛衫进口关税不会提高美国人的工资水平。这固然能够让在羊毛衫产业工作的美国人拿到与美国平均水准差不多（就技能相当而言）的工资，而不必依照英国的工资水准在那个行业与人竞争。但是整体而言，美国的工资水平并没有因为关税而提高。因为正如我们前面所分析的，总的就业机会并没有净增加，总体需求并没有净增加，劳动生产率也没有净增加。其实，劳动生产率可能由于关税的影响反而会下降。

我们再来看看关税壁垒的实质影响。事实上，不仅所有看得到的利益都被不那么明显但却实实在在的损失给冲销掉，整个国家也会遭受净损失。与数百年来的自利性宣传和非自利性认识混乱截然相反，关税降低了美国的工资水平。

让我们来进一步阐明其中的原委。如前所述，若消费者多花钱购买受关税保护的产品，能够用来购买其他产品的钱就会相应减少。产业作为一个整体并没有从中获得净收益。但由于人为地对外国产品设立壁垒，美国的劳动力、资本和土地从相对效率较高的产业，转移到相对效率较低的产业上。因此，美国劳动力和资本的平均生产力，必然由于关税壁垒而降低。

如果从消费者的角度去观察，我们发现消费者的钱能够买的东西不如从前多。由于他必须支付更多钱去买羊毛衫和其他受关税保护的产品，所以能买的其他每一样东西都减少了。消费者收入的整体购买力随之下滑。关税造成的影响到底是降低名义工资还是提高名义物价，这要看当时实行的货币政策。但十分清楚的是，虽然受保护产业的工资水平或许能比不受关税保护时要高，若把所有产业的情形都考虑在内的话，和本来应有的整体水平相比，关税一定会降低实质工资。

只有历经一代又一代谬论的影响，被长期误导的人才会觉得上述结论自相矛盾。对于刻意低效运用资本和人力资源的政策，我们还能够期待得到与上面不一样的结果吗？对贸易和运输刻意设立的人为壁垒，我们还能期待有其他不同的结果吗？

设立关税壁垒的效果，跟筑墙挡道没有两样。值得注意的是，贸易保护论者习惯用战争术语，诸如，应该“击退”舶来品的“入侵”。他们在财政上的建议和在战场上所采用的招式一样。设立关税壁垒以击退舶来品的入侵，就像布设坦克陷阱、战壕、铁丝网，用以抵御或延缓敌军的攻势一样。

敌军要克服这些障碍就得付出更高的代价——部署更大的坦克，使用地雷探测器，派出工兵剪除铁丝网、架桥、抢滩。同样，在外贸中要克服关税壁垒，需要开发更昂贵更有效率的运输方式。一方面，我们尽力去降低英国和美国，或者加拿大和美国之间的运输成本，为此投资研发速度更快和效率更高的飞机与船只，投资修筑更好的公路和桥梁，投资制造更好的火车和卡车。另一方面，我们却又用关税来冲销我们在高效率运输上的投资，使得商品的运输比以前更加艰难。我们将羊毛衫运输成本降低一元钱，接着将关税提高两元钱来阻止羊毛衫的运输。通过减少本来可获利的运载量，我们减少了对运输效率进行投资的价值。

5

关税常被看作是以牺牲消费者来造福生产者的一种手段。从某种意义上讲，这是对的。那些主张征收关税的人，只考虑到受关税保护的生产者能立即获得利益，却忽略被迫支付关税的消费者会立即遭受损失。但把关税只看成是生产者利益与消费者利益之间的冲突，却是不对的。关税的确让所有的消费者蒙受损失，但并非所有的生产者都从中获益。前面谈过，关税只对受保护的生产者有帮助，而牺牲了其他所有美国生产者的利益，尤其是对那些产品出口潜力相对较大的生产者利益的损害。

为了让最后一点更清晰，我们来看一个夸张的例子。假定我们设立的关税壁垒很高，完全是禁止性的，让人根本不可能从国外进口商品。再假设美国羊毛衫售价因此上涨5美元。由于消费者购买一件羊毛衫必须多花5美元，他对其他100种产品的购买力平均减少了5美分。（选这些数字，只是为了说明一个原理：损失分布当然不会这么均匀，而且毫无疑问羊毛衫业会因为其他行业受保护而受到损害。但这里不考虑这些复杂情形。）

现在，外国产品在美国完全丧失了市场，外国人换不来美元，根本没办法去购买任何美国产品。结果，美国产业的受损害程度将和以前的出口率成正比。最先受到严重伤害的包括原棉生产者、铜生产商，以及缝纫机、农业机械、打字机、商用飞机等产品的制造商。

就算关税壁垒不是完全禁止性的，仍然会产生同样的结果，只不过程度较轻而已。

因此，关税造成的影响改变了美国的生产结构。它改变了职业数量、职业类型，以及一种产业相对于另一种产业的规模。关税使得相对效率较低的产业规模变大，相对效率较高的产业规模变小。因此，关税产生的总体影响是，降低了美国的生产效率，同时也降低了原本要与之扩大贸易量的国家的生产效率。

尽管支持和反对的意见一直争执不下，不过就长期而言，关税和就业问题无关。（的确，突然调高或调低关税所引发的生产结构的变化，都会引起暂时的失业率上升，甚至会带来暂时的经济萧条。）但是关税和工资却有关系。从长远来看，关税一定会使实质工资下降，因为它降低了效率、减少了生产和财富。

因此，所有主要的关税谬论都是从本书所剖析的核心谬论衍生而出。这些关税谬论都源自只看单一关税税率对一群制造商造成的即时影响，而忽略了由此对全体消费者和其他所有制造商造成的长期影响。

（我听到有些读者问：“为什么不用关税保护所有的制造商，以此解决这个问题？”这其中的误解在于，这样做并不能让所有的制造商平均获益，而且完全无益于那些“销路胜过”外国制造商的本国制造商：关税所导致的购买力转向一定会给那些生产效率高的制造商造成损失。)

6

谈到关税，最后我们一定要牢记一件事。这和我们探讨机器造成的影响时应该注意的事情一样。不可否认，关税确实对特殊利益集团有利，至少有可能对特殊利益集团有利。没错，关税是牺牲其他人的利益了，但毕竟也为上述特殊利益集团造福。如果受关税保护的行业只有一个，当该行业的业主和劳工购买别人的产品时，就可以尽享自由贸易的好处，甚至整个行业都会从中获利。但是，如果受关税保护的行业越来越多，最初受保护的行业中的从业者（既是生产者，也是消费者），也会开始因为其他人得到保护而受害，最终结果可能比没有任何人受到保护时还要糟。

正如极力主张自由贸易的人经常做的那样，我们不应该否认关税有可能对特定群体产生利益。例如，我们不应妄称减少关税将有助于所有人而无人受损。的确，降低关税对国家整体有益，但是有人会受到伤害，先前享受关税保护的群体会首先受到冲击。这也是我们主张不该设立关税保护的原因之一。但明晰、坦诚的思考使我们看到并承认，有些行业声称取消对其的产品关税会致使工厂倒闭、工人失业（至少暂时如此），他们所言不虚。

而如果其工人已经具备行业专门技能，这些行业甚至可能因此遭受长期的伤害，直到行业掌握同等技能为止。探讨关税的影响跟探讨机器的影响一样，我们应该设法认清所有的主要影响，既要观察特殊群体受到的即时影响，也要考察所有群体受到的长期影响。

最后补充说明一点，本章内容并不在于反对所有类型的关税，讨论的范围不包括那些主要为了收入的目的或是由于战争的需要力求维持某些行业的生存而征收关税的情况。也不在于反对开征关税的所有主张。本章只是针对这样一种谬论：关税可以“提供就业机会”、“提高工资”，或者“保护美国人的生活水准”。这些事情它一样都办不到。而且就工资和生活水准来说，关税的作用适得其反。至于那些为了其他目的而征收的关税，已经超出了本章的讨论范围。

我们无须在这里探讨进口配额、外汇管制、双边互惠，以及减少、改变或阻止国际贸易的其他途径。一般来说，这些措施造成的影响，不但和高额关税或者禁止性关税类似，而且实际效果往往更糟。这些问题更加复杂，但可以用分析关税壁垒的推理方式去分析它们的总体效果。

第 12 章　出口的驱力

所有的国家对出口均怀有一种病态的渴求，这种影响仅次于各国对进口所怀有的病态恐惧。从逻辑上讲，真的没有比这种事情更矛盾的了。长期而言，进口与出口必然相等（从最宽泛的定义来讲，包括“无形”项目，如旅游消费、海运费用，以及“国际收支账户”里的所有项目）。有出口，才有钱进口，反之亦然。要想扩大出口，就必须有更多的进口，否则根本收不到货款。要想压缩进口，出口也会随之被压缩。没有进口，就没有出口，因为外国人没有可以用来买美国产品的美元。当我们决定减少进口的时候，其实等于决定减少出口。当我们决定扩大出口的时候，其实等于决定扩大进口。

原因很简单。一位美国出口商把商品卖给英国的一位进口商，付的是英镑。但他在国内没法用英镑来支付员工工资，给太太买衣服或者买剧院门票。这一切都需要用美元。所以，他拿着英镑没有用处，除非他拿去购买英国的产品，或者把手里的英镑（通过银行或代理商）卖给美国进口商，让他们用来进口英国产品。不管采用哪一种方式，在美国的出口以等量的进口支付之前，都无法实现银货两讫。

如果交易不是以英镑，而是以美元进行，情形也会一样。除非以前曾有英国出口商输出产品到美国，并因此有美元积累，否则英国进口商没办法以美元支付美国出口商。简单地说，外汇市场是执行结算性交易的地方。在美国，是将外国人的美元借项和他们的美元贷项冲销；在英国，是将外国人的英镑借项和他们的英镑贷项冲销。

在任何关于外汇的教科书中，都找得到相关的技术细节，这里不再赘述。值得一提的是，别看那些教科书总是被包装得严严实实，其实里面并没有什么神秘难懂的内容，国际贸易与国内贸易没有什么本质上的差异。每个人都必须卖些东西给别人，才能获得购买力，才有钱去买别人的东西，即便我们中的大多数人卖的是自身的劳务而不是出售商品，也是如此。国内交易大多也是通过银行等结算机构，以注销买卖双方支票和其他支付的方式进行。

在国际金本位体系下，进出口贸易差额有时靠交运黄金来结算，但也可以通过交运棉花、钢铁、威士忌、香水或其他任何商品来结算。主要区别是，在金本位制存在的时候，黄金的需求几乎可以无限扩张（部分原因是黄金在一定程度上被公认为是剩余的国际“货币”，而不仅仅是另一种商品)，并且各国不会像限制其他商品进口那样限制黄金的输入。(另一方面，近年来，许多国家采取更严格的措施限制黄金的输出，但那是另一码事。)

有些人在谈论国内贸易时，清醒又理智，但当话题转到对外贸易时，他们会立刻变得激动又糊涂。若把他们在对外贸易上极力主张或原则上默认的东西移植到国内贸易上，他们会认为十分愚蠢。一个典型的例子是，有些人认为政府应该大量贷款给外国以便促进出口，不管这些贷款是否能收得回来。

政府当然应该准许自行承担风险的美国公民放贷到国外，而不应该设置任何障碍阻止民间贷款给我们的友邦。就个人而言，我们愿意基于人道主义的理由慷慨解囊，资助陷入困境和饥饿的人。不过，我们一定要非常清楚自己到底在做些什么。如果在对外国人做慈善时，让他们感觉我们是在为一己私利做着精明的商业交易，这就不太划算了。这只会造成误解，导致将来的关系恶化。

可是在主张对外大量贷款的论调中，有个谬论始终占据重要位置。这个谬论认为，即使有一半(或者全部)的对外贷款变成呆账，得不到偿还，我们还是会因为这些贷款而受益，因为这样做可以强劲地拉动我们的出口。

那些用于帮助外国购买我们产品的贷款，要是被拖欠不还，就等于我们拿产品去白送，这是明摆着的事实。一个国家不可能靠无偿的商品输出而变得富有，这样做只会使国家变得更穷。

把这种说法用在个人或私营公司身上，没人会质疑其正确性。如果一家汽车公司贷款 5 000 美元给一个人买等价的汽车，而这个买家最后没有偿清贷款，那么这家汽车公司不可能因为“售出”这辆车子而增加收益。它损失的是生产汽车的成本。如果汽车的生产成本是 4 000 美元，而买家只还一半的贷款，那么这家汽车公司的净损失是 4 000 美元减去 2 500 美元，也就是 1 500 美元。坏账造成的损失，并没有从它的销售业绩中赚回来。

对于私营公司来说如此简单的事实，为什么用于国家时，那些聪明人却会犯起糊涂来呢？其原因是，要认清这种交易，需要人们进行几个阶段的推演。某个群体确实可以从中受益，而其他人却得为此承受损失。

实际上，举例来说，从事出口生意的人整体而言可以从海外坏账中获益。整个国家因此而蒙受损失是肯定的，只不过难以追踪哪些人遭受了多少损失。私人放贷损失由放贷者自己直接承担，而政府贷款的损失，最后则必须靠加重税负来解决。此外，这些直接损失会对经济造成不良影响，从而造成更多间接损失。

从长远来看，对外贷款收不回来对美国的企业和就业并没有好处，并且是有害的。用于购买美国产品的贷款，外国买主每多赖账一美元，国内买主最后就会少拥有一美元。出口业受益的同时，依靠内销的行业从长远看将蒙受损失，二者得失大体相当。

经营出口业务的许多企业，总的来说也受到了伤害。比如，1975年美国的汽车公司约有15%的产量销往海外市场，假如给国外贷款，出口量可达20%。但如果贷款收不回来，导致美国消费者的税负加重，造成汽车公司的国内销售额减少10%，汽车公司也还是无法获利。

重申一下，这里并不是说私人投资者向海外贷款是不明智的，而是说我们不能靠收不回来的贷款变得富有。

基于这个道理，那些靠对外贷款呆账，或者直接赠予外国的方式，制造出口大增的假象，才是愚蠢的。企图通过出口补贴的方式拉动出口的做法，同样愚不可及。出口补贴以低于生产成本的价格，出售产品给外国人，补贴部分等于白送。这是企图靠送人东西来发家致富的又一个例子。

美国政府不顾这些常识，多年来一直实施“对外经济援助”计划，主要是政府对政府的直接赠予，金额动辄高达数十亿美元。这里我们只对计划的一个方面感兴趣——很多该计划的支持者幼稚地认为这样做可以“拉动出口”，进而维持美国的繁荣和就业。其实，这不过是国家可以通过扔掉东西而变得富裕起来这一错觉的另一种形式罢了。被掩盖的真相是：美国直接送出去的，不是出口的物品本身，而是用来购买这些物品的钱。因此个别出口商有可能从国家的整体损失中获益——如果他们个人的出口获利高于该计划分摊给他们的税负。

只看某项政策对某个特殊群体产生的即时影响，而没有耐心或智慧去考察该政策对每个人造成的长远影响，这样的错误，这里又多了一个实例。

如果我们真的去考察每个人所受的长期影响，我们还可以得到另外一个结论，这与几个世纪以来大部分政府官员所奉行的信条恰恰相反。这个结论正如约翰·斯图亚特·穆勒所说，对外贸易带给任何一个国家的利益，最终并不在于其出口，而是在于其进口。是进口，让一个国家的消费者能以比国内更便宜的价格，买到外国的商品；是进口，让他们买到国内制造商不生产的商品。在美国，尤为突出的此类商品是咖啡和茶叶。总的来说，一个国家需要出口的真正理由是为其进口买单。

第13章 “等位价格”

正如关税史提醒的那样，特殊利益集团能想出最独特的理由来说明为什么他们应该得到特殊待遇。由特殊利益集团的发言人提出的对其有利的计划，一开始它显得荒唐可笑，以至于那些无利益关系的作者们都懒得去戳穿它。但是特殊利益集团坚持推进他们的计划。该计划若能通过立法实施，会立刻为那些人带来巨大的切身利益，所以他们不惜雇来训练有素的经济学家和公共关系专家为其宣传。民众反复听到那些专家的论调，再加上大量统计数字、表格、曲线图和饼形图的狂轰滥炸，很快就信以为真。等那些作者意识到实施该计划的危险切实存在时，一切为时已晚。他们没办法在短短几周之内吃透相关的主题，而他们的对手，也就是利益集团雇来的那些智囊，却已经在这个主题上倾注了数年心血；他们还被对手指责学识不足，后者摆出一副像是质疑公理的架势。

农产品“等位价格”的历史，正是照上述进程写就的。等位价格第一次作为立法议案提出具体是哪一天，我已记不清了，但是 1933 年“新政”实施时，它已经成为既定的原则，并作为法律颁布。而且，年复一年，等位价格的荒唐推论渐渐崭露头角，并被制定为法律。

等位价格的主张大致如下。在所有产业中，农业最基本、最重要，必须不惜一切代价地加以保护。此外，只有农民富裕了，其他人的富裕才有着落。要是农民缺乏购买力，买不起工业产品，工业就会衰退。这是 1929 年经济崩溃的原因，起码是经济无力复苏的原因。当时农产品价格暴跌，而工业产品价格的跌幅却很小。结果，农民买不起工业产品，城市工人纷纷下岗，然后也买不起农产品，于是经济萧条四处蔓延，形成恶性循环。解决办法只有一个，很简单，把农产品价格拉回到与农民所买产品价格持平的水准。1909 年到 1914 年间就出现了这种等位价格，当时的农民很富裕。所以，那时的价格关系必须恢复，并且永久维持。

这种似是而非的论调隐含了许多谬误，在这里我们无法一一探讨，而且它们远远偏离了我们的主题。我们找不到充分的理由，认定某一年或某一特定时期普遍存在的价格关系就是神圣不可侵犯的，甚至认为这种价格关系比其他任何时期的更为“正常”。就算当时的价格关系相当“正常”，又有什么理由可以让我们无视此后 60 年生产和需求状况发生的巨变，同时认为这种价格关系应该继续维持下去呢？选定 1909 年至 1914 年的价格关系作为等位价格的基础，并不是随意的。就其相对价格而言，那是美国历史上对农业发展最有利的时期之一。

如果等位价格观念真的那么厚道或合乎逻辑，那它就应该普遍适用于所有商品。如果从1909年8月到1914年7月期间的农产品和工业产品之间的价格关系应该永久保持下去，那为什么不将那段期间所有商品之间的价格关系也永久保持下去呢？

在本书1946年初版中，我举例说明了等位价格观念产生的一些荒谬结果：

> 雪佛兰六缸四门轿车1912年的售价是2 150美元；1942年改进型六缸雪佛兰三厢轿车的售价是907美元，若参照当时农产品等位价格来调整，售价应该是3 270美元。1909年到1913年，金属铝的平均价格是每磅[①]22.5美分；1946年初是14美分，若按照等位价格，则应该是41美分。

如今再来做这两种比较，既困难又颇具争议，除了要考虑1946年到1978年间严重的通货膨胀（消费价格上涨了两倍多），还必须考虑前后两个时期汽车品质上的差异。这更加凸显了一个事实，即等位价格的提议行不通。

在1946年初版中，在上述比较后我继续指出，同样的生产

① 1磅≈0.45千克。——编者注

率提高也是农产品价格下降的部分原因。“从 1955 年到 1959 年的 5 年间，美国的棉花产量平均每英亩①是 428 磅，从 1939 年到 1943 年，年均为 260 磅，而从 1909 年到 1913 年这个‘基期’，年均收成只有 188 磅。”再跟现在的生产率水平比较一下，从 1968 年到 1972 年的 5 年内，平均每英亩棉花收成 467 磅。同样，从 1968 年到 1972 年的 5 年内，按平均每英亩的产量来算，玉米为 84 蒲式耳②，小麦为 31.3 蒲式耳。而从 1935 年到 1939 年，玉米每英亩年均产量只有 26.1 蒲式耳，小麦只有 13.2 蒲式耳。

由于使用了更好的化肥，以及品种改良、机械化程度提高，农产品的生产成本已经大幅下降。在 1946 年初版中，我引用了这段话：

> “在一些完全实现机械化和大批量生产线经营的农场里，只需要几年前三分之一到五分之一的劳工，就能实现相同的收成。”③

等位价格的信奉者对这一切却视而不见。

---

① 1 英亩 ≈4047 平方米。——编者注

② 蒲式耳，在美国，1 蒲式耳相当于 35.238 升；在英国，1 蒲式耳相当于 36.268 升。——编者注

③ 选自 1996 年 1 月 2 日的《纽约时报》。耕种面积限制计划有助于提高亩产，第一是因为农民会首先辍耕亩产低下的耕地，第二是人为的高价激励农民在现有耕地上追施更多的化肥，以提高亩产。因此，政府的耕种面积限制计划基本上没有起到预料的限产效果。

政府不肯将等位价格原则普遍应用于所有的产品，证明这类经济计划并非对公众有利，而只是补贴特殊利益集团的工具。另一个证据是，当农产品价格高过了等位价格（这种情况也可能是政府政策造成的），代表农民利益的国会议员不会要求把农产品价格拉回到等位价格，不会要求农民退回等量的补贴。等位价格原则只是一条单行线。

2

抛开所有这些考虑，还是回到本章特别关心的核心谬论。其主张是：如果农产品可以卖到更高的价格，农民就会购买更多工业产品，并由此促进工业繁荣和充分就业。当然，对该主张来说，农民有没有拿到专门的等位价格并不重要。

不过，一切还要取决于这个好价钱是如何来的。如果是整体经济复苏带来的结果，也就是百业俱兴、工业生产增加、城市劳动力的购买力提高（不是通货膨胀造成的），这就意味着丰收和富裕不仅属于农民，还属于所有国人。不过，我们要讨论的是政府干预所带来的农产品价格上涨问题。提高农产品价格有多种办法：可以靠政府法令强行提高价格，不过这是最不可行的办法；政府可以按等位价格收购所有的农产品；政府可以贷款给农民周转，让他们在市场价格低于等位价格时囤积产品，暂不上市销售；政府还可以强制限制农产品产量。政府当然可以多管齐下，实践中它们就经常这么做。我们暂且假设政府干预已经带来了农产品价格上涨。

结果是什么呢？农民的产品卖出了更好的价钱。即便减产，他们的“购买力”还是提高了。有些人只观察政策对直接相关的群体产生的即时影响，他们只看到农民更加富足，看到农民购买了更多的工业产品。

但还有另一个同样不可避免的后果。假设小麦原先售价为每蒲式耳 2.50 美元，而政府干预后的售价为 3.50 美元。农民每售出 1 蒲式耳的小麦，就多得 1 美元。小麦涨价导致面包涨价，城市劳动力消费面包时，相当于要为每蒲式耳小麦多支付 1 美元。其他农产品价格上涨也会造成这样的影响。对于工业产品的销售，如果农民因此多了 1 美元的购买力，城市劳动力却会因为政府干预少掉 1 美元的购买力。总体而言，工业没有任何收益。工业产品在农村地区的销售额增加多少，在城市地区便降低多少。

当然，不同行业的销售额会有增有减。毫无疑问，农机农具厂商和邮购公司的生意会更加红火，但是城市百货公司的生意会不如从前。

然而事情到此并没有结束。政府政策不但未带来净利润，反而造成了净损失。政府政策并不只是造成了购买力的转移，也就是把购买力从城市消费者（或一般纳税人，或两者兼而有之）转移到农民手上。这种政策还经常通过强制削减农产品的生产来抬高价格。这意味着财富灭失，意味着可供消费的农产品减少了。财富如何灭失取决于为了提高价格所采取的措施。或许是像巴西烧毁咖啡豆那样，从实物上毁损已经生产出来的作物。或许是像美国《农业调整法案》（AAA）那样限制种植面积。其中一些方法造成的影响，我们在扩大讨论政府商品管制的章节中再探讨。

不过需要指出的是，农民通过减少小麦产量的方式获得等位价格时，虽然每蒲式耳的价格提高了，产销数量却减少了。结果农民的收入并没有随价格同比例增加。甚至有些主张实施等位价格的人也意识到了这一点，所以他们更进一步地坚持要求应该给予农民等价收入。但这需要财政补贴才能实现，而这会直接牺牲纳税人的利益。也就是说，为了帮助农民，政府干预手段也只是降低城市劳动力和其他群体的购买力而已。

3

在结束本主题之前，我们来讨论主张等位价格的另一类论调。提出这种论调的人更加老成圆滑。他们坦率地承认："是的，等位价格的经济论证的确经不起推敲。这种价格是一种特殊权利，是加在消费者身上的一种负担。但关税不也是加在农民身上的一种负担吗？农民购买工业产品时不也要支付更高的价格吗？

美国是农产品净出口国，对农产品开征补偿性关税没有好处。等位价格制度就相当于保护农民的关税。这样做彼此才算公平。”

美国农民确实有理由为自己讨回一份公平。保护性关税对他们造成的伤害，远比他们所了解到的要严重。保护性关税减少了工业产品进口，也会减少美国的农产品出口，因为外国人换不来美元去购买美国农产品，并且会引起其他国家对美国农产品征收报复性关税。不过，上述替农民讨回公平的论调同样经不起推敲，其包含的论述也是错的。根本不存在一种全面性的关税，去保护所有的“工业”产品或所有非农产品。有几十种国内工业或者出口产业并没有受到关税保护。如果城市劳动力不得不因为关税而支付较高的价格去购买毛毯或外套，那么在他不得不支付较高的价格去购买棉衣或食品时，他得到“补偿”了吗？或者说他只是被剥削两次？

有人提出政府可以给予每个人同等的“保护”。但这是不可能做到的。即便实施起来不存在技术上的问题（例如为承受国外竞争压力的工业家 A 开征保护关税，给予出口产品的工业家 B 财政补贴），我们还是不可能做到“公平”或平等地保护或补贴每一个人。就关税保护或补贴而言，我们或许应该给每个人相同的百分比例（或者应该给相同金额的美元），但我们永远无法确定是不是重复支付给了某些群体，却漏掉了其他人。

即便我们有办法做到公平，那又如何呢？每个人都给其他人同等补贴，那么有谁能受益呢？如果因为税负加重，每个人所承受的损失和补贴或保护带来的收益完全相同时，利润又从何而来？这样做不过是多了一大群不必要的官僚来执行计划，所有人都无益于生产。

从另一方面来说，我们可以简单地通过同时取消等位价格制度和保护性关税制度来解决这个问题。这两种制度相结合不会让任何事情得到平衡。这种混合体系仅仅意味着：农民 A 和企业家 B 同时获利，却牺牲了“被遗忘的”C。

更多所谓能够给大家带来好处的计划将会被我们看穿，只要我们学会不仅仅探讨某个特殊群体立即受到的影响，也探讨经济政策提案对每个人造成的长期影响。

第14章　拯救X产业

1

国会大厦的大厅里挤满了X产业（本章特指假定的某一产业）的代表。X产业萎靡不振，已经到了非拯救不可的生死关头，现在只有靠关税、高价、补贴，X产业才可能有救。要是坐视不管，X产业一垮，工人就只有流落街头。而他们的房东和当地的杂货店、肉铺、服饰店、戏院就会失去生意，经济萧条会因此蔓延到其他行业。但如果国会马上采取挽救措施的话，X产业会向其他行业购买设备，会带来更多就业机会，产业工人会向当地的肉铺、面包店、霓虹灯制造商买更多的东西，这种繁荣也会向外扩散。

显然，这套游说词只是前一章谬论的普遍形式。在前一章，X产业是指农业。不过，X产业不胜枚举，其中最著名的两个例子是银矿业和煤矿业。国会“拯救白银”计划曾造成巨大的危害。主张实施计划的一个借口是要帮助“东方”，实际上却导致中国发生通货紧缩，迫使中国脱离银本位制。美国财政部不得不以离谱的高价大量收购并非必需的白银，任其积压在金库里。“白银参议员们”完全可以用直接补贴矿业业主或矿工的方式来达到其政治目的，其危害和成本要小得多。但是国会和这个国家绝不会批准这种近乎抢劫的直接补贴，除非饰以“白银在国家货币流通中扮演不可或缺的角色”等意识形态上的虚假之辞。

为了拯救煤矿业，国会通过了《古费法》（Guffey Act），允许且强制煤矿业主联合起来，只能以高于政府规定的最低价格出售煤炭。尽管国会立法定价，但政府很快就发现，它总共制定了35万种不同的煤价！（因为有数千座规模不一的煤矿场，而且有铁路、公路、海运、江运等不同运输方式，以及成千上万个不同的目的地。）强制维持煤炭价格高于自由市场价位的一个后果是，消费者加速寻找煤炭的替代物，如石油、天然气和水电能源来获取动力和热能。如今，政府又反过来限制石油消费，鼓励煤炭消费。

2

本章的目不是探寻过去为拯救特定产业造成的所有结果，而是探讨拯救一个产业必然带来的一些主要结果。

有人可能认为，设立或保护某一产业一定是出于军事上的考虑。有些人可能认为某个产业因为不相称的税负或工资率而被毁了，或者公用事业公司被迫执行的费率无法赚取合理的利润。这些说法有没有道理，要视具体的情况而定。我们暂不讨论这些。本章只谈拯救 X 产业的一种论调——如果放任其在自由竞争中（也就是 X 产业的代言人所声讨的自由放任、无法无天、残酷无情、狗咬狗、弱肉强食的竞争）萎缩或消失，它会拖垮整个经济，而假若用人为的力量维持它的生存，它会让所有人获益。

这一章是关于实施农产品等位价格或对 X 产业实施关税保护论调的扩大化讨论。反对通过人为干预提高产品价格的主张当然不只针对农产品，还包括其他所有产品，正如我们反对某一行业关税保护的原因也适用于其他所有行业。

拯救 X 产业的办法不胜枚举。除了我们前面提到的，相关提案大体还有两大类。我们会做简要介绍。其中一类提案强调，X 产业已经“过度拥挤”，应该阻止其他公司或劳工再进入。另一类提案则呼吁，政府应该以直接补贴的方式对 X 产业给予扶持。

如果 X 产业与其他产业相比确实过度拥挤，那根本不需要任何强制立法，去排斥新资本或新劳工进入。新资本不会抢着挤进显然要垮掉的行业。投资人不会贸然踏进风险最大、回报率最低的行业。劳工如果能有更好的选择，同样也不会进入工资最低、工作最不稳定的行业。

然而，如果新资本和新劳工是被强制排斥在X产业之外，例如垄断、卡特尔、工会的政策或者法律等强制手段剥夺了这些资源的自由选择，那么投资人只好将钱投向回报率还不如X产业的其他地方，劳工也只好投身于工资和就业前景还不如问题缠身的X产业的其他产业。这就意味着，资本和劳工的运作效率，都不如它们自由选择时的水准。其结果是产量减少，进而导致生活水平普遍下降。

生活水平之所以下降，可能是因为人均所领的工资低于本来应有的水准，也可能是因为人均生活费用越来越高，或者两种都有（具体表现取决于当时的货币政策）。实施限制性政策的结果是，X产业内部的工资和资本回报率可能会更高，但是其他产业的工资和资本回报率将被迫下降，低于本来应有的水准。即X产业的获益是以牺牲A、B、C产业为代价。

3

拿民众的钱直接补贴X产业，其结果也差不多。只不过是将财富或收益转移到X产业。X产业中的人获得多少，纳税人就会损失多少。的确，从民众的角度来，看补贴最能让人看清楚财富转移的事实。与关税、最低价格限制、垄断限制等论调相关的理解上的模糊处理，却往往让人看不清这一事实。

采用补贴方式后，X 产业之所得正是纳税人之所失，这是显而易见的。同样清楚的是 X 产业之所得也一定是其他产业之所失。用于支持 X 产业的税款，有一部分是其他产业缴纳的。同样，为了支持 X 产业而缴纳一部分税款的消费者，也就没有更多的钱拿去买别的东西。为了让 X 产业能有所增长，其他产业的平均规模一定小于原来应有的水准。

但是，补贴的结果不仅仅是财富或收益的转移，也不仅仅意味其他产业的总体萎缩程度和 X 产业的扩张程度相当。补贴的结果还导致国家整体发生净损失，资本和劳工也会被迫从运用效率较高的产业流向运用效率较差的产业。创造出来的财富减少了，人们的平均生活标准就会低于应有的水准。

4

事实上，这些结果是补贴某产业的主张所必然导致的。X 产业其实是竞争不过其他产业而逐渐衰败的产业。试问，究竟为什么要给 X 产业做人工呼吸，让它继续生存？而那些认为经济扩张意味着所有产业必须同时扩张的说法大错特错。放手让一些老旧产业萎缩或消亡，其实是为了让新产业能够快速成长。这样有助于使必要的资本和劳工从旧产业中释放出来，供新产业使用。

要是我们人为地去维持马车业，让它继续存在，我们只会减缓汽车业及其相关行业的成长步伐，我们只会减少财富创造，阻碍经济发展和科技进步。

然而，当我们为了保护有一技之长的劳工，为了保护已经投下去的资本，去极力阻止某个产业消亡时，我们正是在阻碍经济和科技的进步。放手让夕阳产业消亡，允许朝阳产业成长，这是保证一个有活力的经济能够健康发展所必需的，尽管在有的人看来自相矛盾。旧的不去，新的不来。保护落伍过时的产业，就跟保护落伍过时的生产方式一样愚蠢——事实上，这只是描述同一个事物的两种方式。若想要有更好的产品和更好的手段来满足新旧两种需求，必须不断用改进的生产方法取代过时方法。

第 15 章　价格体系如何运作？

1

本书的主张可以概括为：在研究任何经济政策提案的效果时，不仅要考察提案带来的即时结果，也要看其长期结果；不仅要探讨其主要后果，也要探讨其次要后果；不仅要看其对某些特殊群体的影响，还要看其对所有人的影响。由此得出，只把注意力集中于某一点的做法不过是自欺欺人，例如先前讨论的那些做法，只关注某个行业发生的事情，而对所有行业发生的变化不加考虑。但是，恰恰由于人们一贯的思维惰性，总是把特定行业或进程加以孤立、单独探讨，所以就造就经济学的主要谬论。这些谬论不只充斥在利益集团聘请的发言人的言论中，就连一些颇具影响力的经济学家，也因为其论调深刻而时常提及。

“生产致用而非利润至上”学派的理论就是基于这种孤立性谬误。他们据此抨击所谓邪恶的“价格体系”。该学派的信徒宣称，生产问题已经解决了。（我们将看到那些认为印钱就能解决一切，认为均贫富就能解决问题的无稽之谈也是以这一彻头彻尾的错误为出发点的。）科学家、效率专家、工程师和技术人员解决了这一问题。他们能把你所提到的几乎任何东西不计其数地生产出来。可惜这个世界并非由生产致用的工程师主宰，而是由利润至上的企业家主宰，是企业家对工程师发号施令，而不是工程师指挥企业家。只要有利可图，这些企业家就会把任何物品生产出来。一旦赚不到钱，唯利是图的企业家就会停止生产，即便众人的要求尚未得到满足，即便整个世界迫切需要更多的产品。

这种观点中存在诸多谬误，无法一下子梳理清楚。不过，我们已经提到，其核心错误在于只看一个行业，或孤立地考察几个行业，好像行业之间没有任何联系。其实，每个行业与其他行业都有联系，各个行业内所做的每一个决定，都受到其他各行业的影响并影响着其他行业内部的决定。

如果我们了解了企业必须共同解决的基本问题，就会对这一点更加明了。为了把这一基本问题尽量简化，我们先谈鲁滨逊漂流到荒岛时所面对的问题。一开始他什么都想要。他被雨淋透，冷得发抖，饥渴交加。他需要每一样东西：饮用水、食物、栖身之所、防野兽的武器、火、睡觉的窝。所有需要不可能一下子得到满足，毕竟一个人的时间、精力或资源都很有限。他必须先立即解决自己最迫切的需要。比方说，极度干渴最难耐，于是他在沙地上挖坑收集雨水，或者做个简陋的容器蓄水。等到有了少量的水后，必须赶紧去找吃的，改善水源则是以后的事。他可以试着捕鱼，为此，他需要鱼钩、鱼线或渔网，而且必须事先准备好这些工具。但是不管他在做什么事，做一件就做不了另一件，他只能把不那么紧急的事挪到以后再说。他得时时考虑把时间和力气用在做哪些事情上。

在电影《海角乐园》（*Swiss Family Robinson*）中，来自瑞士的鲁滨逊一家解决同样的问题时相对容易一点。虽然有更多张嘴巴要吃饭，却也多了几个帮手。他们可以分工作业。父亲打猎，母亲准备饭菜，孩子们拾柴火。即便如此，也不能不顾事情的轻重缓急而让某位成员一直做同一件事。当孩子们已经捡了一堆柴火之后，就不应只是让他们接着捡。比如，马上就要派其中一个孩子去担水。这家人也得时时考虑要把力气用在哪些地方，而如果他们有幸拥有猎枪、渔具、船、斧头、锯子的话，更得要考虑劳力和资本用在什么地方。如果拾柴火的小孩抱怨说，哥哥要是不去捕全家吃饭所需要的鱼而去帮他拾一天柴火，那样就会拾得更多，这一定会被认为愚蠢至极。从上面单独一人或单独一家人的故事，可以清楚地认识到，某项工作做多了，一定会牺牲其他的工作。

这类浅析有时被讥讽为“鲁滨逊经济学”。可惜，最能嘲讽的那些人通常最需要了解这种经济学。这些人无法理解简单故事背后的基本原则，或者在探讨现代经济社会让人晕头转向的复杂乱象时，他们总是把这个基本原则彻底丢到一边。

2

我们回过头来谈现代社会。在这样的社会中，人们的需要和要求及其轻重缓急千差万别，如何解决劳力和资本用在哪里的问题？解决之道正是通过生产成本、价格和利润三者间不断变动的交互关系来进行。

价格是由供需关系决定的，反过来又会影响供给和需求。当人们更想要一样物品时，会愿意出更高的价钱。于是这个物品价格看涨，其生产商的获利会增加。现在生产该物品会比生产其他产品更赚钱，因此已经从事那一行的人开始扩大产量，同时更多的人被吸引进入那一行。随后，供应增多又导致价格下降，利润率下滑，直至其利润率跌回到其他行业的平均利润水平（考虑了相对风险）。或者那种物品的需求减少；或者供应量增大到使其价格下跌，直至生产该物品的利润低于生产其他物品的利润，甚至生产该物品不赚反赔。这种情况下，“边际”生产者（也就是效率最低或成本最高的生产者）会被迫出局。只剩下成本较低、效率最高的制造商仍在生产。该商品的供应也会减少，或是至少供应不再增加。

这个过程是“价格由生产成本决定”这一观点的起源。以这种形式所陈述的这一学说并不正确。价格取决于供给和需求，而需求由人们想要拥有某种商品的渴求程度，以及人们必须用来交换的东西所决定。部分供给确实取决于生产成本。但一种商品已经发生的生产成本却不能决定商品的价值。商品价值取决于现在发生的供需关系。但是企业家对于一种商品未来生产成本和市场价位的预期，将会决定那种商品未来的生产数量，这种预期会影响该商品未来的供给。因此，一种商品的价格与其边际生产成本总是趋于彼此相等，但并不是由边际生产成本直接决定价格。

私人企业体系好比数千台机器，每台机器由各自的半自动化调节器来管理。机器之间，连同它们的调节器之间，彼此连接，相互影响，整个运作起来好比一台超大机器。我们大多数人注意到了蒸汽机上的自动调节器。它通常是由两颗小球或重锤组成，利用离心力原理运作。随着引擎速度加快，这两颗小球会绕着它们所附着的活塞杆飞起，以此自动收紧或关闭用于调整蒸汽送入量的节流阀，从而减慢引擎的转速。如果引擎的速度太慢，小球就飞不起来，从而扩大节流阀，加快引擎转速。因此，速度一旦偏离理想的水平，这种偏离就会自动启动一种力量去对偏离进行矫正。

正是通过这种方式，数千种商品的相对供应量在自由竞争的私人企业体系中得到调节。当人们都想要某种商品时，他们会竞相购买，从而抬高商品价格，这会增加该商品生产商的利润，刺激他们扩大生产。生产其他商品的制造商也会转产，加入到这种回报率较高的产品的生产中。但增加这种商品供应的同时会减少其他一些商品的供给。如此一来，这种商品的价格相对于其他商品的价格开始下跌，先前激励其产量相对增加的价差因素便不复存在。

同样是用这种方式，如果某种产品的需求减少，该产品的价格和利润会下降，产量当然也会随之减少。

正因如此，那些不了解“价格体系”并对其谴责的人感到愤慨。他们谴责价格体系导致了匮乏。他们愤慨地责问：为什么在生产鞋子不赚钱时，企业家就要停止生产？为什么他们只顾私利，只以市场为导向？为什么他们不“利用现代制造工艺，开足马力”生产鞋子？“生产致用”的哲学家下结论说道，价格体系和私人企业只不过是“匮乏经济学”的一种形式。

这些问题和结论主要源于对一个行业的孤立观察，只见树木，不见森林。在达到某一平衡点之前，继续生产鞋子是必要的。但是我们也有必要生产外套、衬衫、长裤、住宅、耕犁、铁铲、工厂、桥梁、牛奶和面包。若一味地生产堆积如山的多余鞋子，理由仅仅是我们有能力做鞋子，而让数百项更加迫切的需求得不到满足，这种做法实在愚蠢。

经济处于均衡状态时，某个行业的扩张必然要以牺牲其他行业为代价。因为生产要素在任何时候都是有限的。只有当劳工、土地和资本从原来的行业转移到了某个行业，那个行业才能够扩张。当某一行业萎缩或者停止增产，并不必然意味着总体生产出现净减少。因为该行业萎缩所释放出的劳工和资本，可供其他的行业用于扩张。因此，仅仅因为某个行业的生产减少就下结论说总产量缩减，这是错误的。

简单地说，生产每一样东西，都得以放弃其他某样东西为代价。生产成本其实可以定义为：为了生产某样东西而放弃的其他事物（例如休闲和娱乐，或可以用于其他地方的原材料）。

由此可见，为了让经济维持良性循环，应该放手让衰败中的行业消亡，并促使成长中的行业扩张，二者相辅相成。劳工和资本应该从衰败行业中释放出来，被纳入成长中的行业。价格体系虽然备受非议，却只有它能够解决这个错综复杂的问题，准确地决定无数商品和服务彼此相对应该生产多少。靠价格、利润和成本体系的半自动化运作，让本来复杂难解的方程式迎刃而解。这套系统解决问题的效果，远非任何一群官僚能比，因为这套系统的解决方式，是由每一位消费者根据本身的需求，每天由自己去投下新的一票或十几票的意向来调节的。而官僚们的解决办法，是要代表消费者去决定各自的需求，其结果并不是消费者本身想要的，而是官僚们认为对消费者有好处的东西。

然而，官僚们不了解市场这种半自动化体系，因此对市场总是很不放心。他们总是企图改善或矫正这种体系，通常是为了满足那些向他们哭诉施压的集团的利益。在接下来的几章，我们将讨论政府干预所造成的一些结果。

第16章 “稳定”价格

1

那些想要长期抬高特定商品的价格到其在自由市场价格水平之上的做法，通常以失败而告终，且后果惨重、声名狼藉，以至于圆滑精明的施压集团以及被施压的官员，很少公开宣称这个企图。他们所声称的目标，尤其是在他们首次建议由政府出面干预时，往往更加温和，貌似更合理。

他们宣称并不是想要长期把某商品的价格提高到其自然价格水平之上，他们承认那样做对消费者不公平。但是，该商品目前的售价明显低于其自然价格水平，生产厂商难以为继。除非迅速采取行动，否则生产商只有破产倒闭。其后果必将是该产品供应匮乏，消费者不得不接受高得离谱的售价。目前的低价将最终使消费者付出高昂的代价，因为当前“一时”的低价不可持续。但是我们不能等待自由市场调节供求，或者任由“盲目的”供求规律来矫正眼前的状况。因为还没等到那一天，生产厂商便已经倒闭，大家只能陷入大匮乏的恐慌之中。政府一定要采取行动。我们真正想做的是纠正这些剧烈且无任何意义的价格波动。我们并非想要提高价格，只想尽力稳定价格。

这些人通常会提出几种办法来达到目的，其中最常见的是由政府贷款给农民，好让他们囤积谷物，暂不上市出售。

国会敦促实施这种贷款，其理由让大多数听众觉得颇有道理。这些听众被告知，农民的谷物都集中在收获季节上市出售，而这正好是一年中农产品价格最低的时候，投机商乘机买进囤积，等到青黄不接的时候，再高价倒卖。农民则因此蒙受损失。政府应该确保这个钱让农民来赚，而不要让投机商从中渔利。

然而，上述论调既得不到理论上的支持，又经不起实践的检验。备受非议的投机商并不是农民的敌人，他们对农民获得最佳利益至关重要。因为农产品价格波动的风险，必须要有人来承担。事实上在现代经济中，这些风险主要是由专业投机商担负的。一般来说，投机运作越成功，专业投机商对农民的帮助越大。因为投机商获利越多，表明他预测未来价格的能力越强，也就是说，他们对未来价格的预测越准确，价格波动就会少几分剧烈和偏激。

因此，即使大多数农民不得不在收获后的那个月，把全部的小麦收成送到市场销售，对那些农民来说，那个月的价格也不一定就低于其他月份（扣除对仓储成本所做的补贴）。对于投机商来说，若想要趁机获利，他们就会在那个时期集中买进小麦。当价格涨到投机商觉得将来无法获利时，他们就会停止买进。每当他们预见小麦价格会下跌，他们就会卖出，卖家越多，小麦的价格越不会高得离谱。结果是，一整年下来，农产品的价格趋于稳定。

正因为有专业投机商承担了这一切风险，农民和面粉厂主才得以免除风险。后面这两类人能借助市场达到保护自己的目的。所以，在正常的情况下，当投机商把他们的工作做得很好时，农民和面粉厂主的利润就主要取决于他们本身的生产技能和勤劳程度，而与市场波动无关。

从经验看，除了对仓储、利息和保险费用的补贴之外，小麦和其他耐储藏谷物一年到头的价格大致相同。其实，一些精细的调研表明，收获季节之后的谷物价格平均单月涨幅并不足以支付仓储费用，投机商实际上补贴了农民。这当然不是投机商的本意：这只是投机商持续持有过于乐观的态度而导致的结果。（这一倾向会在竞争最激烈的行业影响企业家。作为一个群体，他们经常事与愿违地补贴消费者。对于存在巨大投机性收益的预期来说，尤其如此。就像购买彩票的彩民，整体上肯定是赔钱，因为每个人都抱着赌一把的心态，想要押中那中奖率微乎其微的大奖。同样的道理，有资料显示，投入到黄金和石油勘探开采的劳力与资本总值，也往往超过开采出来的黄金或石油的总值。）

但是当政府介入后，情况就完全不同了，无论是政府收购农民的农产品，还是贷款给农民，让他们囤积谷物，暂不上市销售。有时，这是以维护所谓的“常平仓贮”（ever-normal granary）的名义来实施的。但是正如前面说过的，这个功能已经由私人组织的自由市场执行得很好了，谷物价格和每年的谷物存货结转记录已经证明了这一点。当政府介入之后，常平仓贮其实成了“政治仓贮”（ever-political granary）。政府用纳税人的钱鼓励农民囤积过多的谷物。政治人物在意的是农民的选票，为此，提出政策的政客和负责执行的官员总会给农产品定一个所谓的公平价格，使之高于当时的供需状况所允许的价位。这必然导致买家减少，常平仓贮因此往往成为“常不平仓贮”（ever-abnormal granary）。过多的谷物被囤积在市场之外，可以使价格暂时高于应有的水平，但这样做只会使之后的价格比正常情况更低。因为该年通过囤积一部分粮食人为制造出的短缺现象，到下一年一定会导致过剩。

要是以美国棉花为例，来详细陈述实际发生的事情，会离题太远。[1]假如我们囤积了整整一年的棉花收成，我们破坏了本国棉花的海外市场，从而大大刺激了其他国家的棉产量增长。这个结果早就被那些反对实施限制和贷款政策的人预料到。等到事情真的发生了，必须对结果负责的官员只是回复说：这样的结果无论怎样都会发生。

贷款政策通常伴随着限产政策，有时则不可避免地引出限产政策——也就是人为制造出的短缺。几乎每一次“稳定”价格的做法都会把生产者利益放在第一位。实际的目标则是使价格立即上涨。为了使涨价成为可能，政府通常会对受管制的每一位生产者实施等比例的限产措施。这种限制会立即产生几项坏影响。假设管制措施能够波及全球，那就意味着整个世界的生产都被削减了。因此，全球消费者能够享用那种产品的数量比不受限制的时候更少。整个世界穷了很多。由于消费者被迫以高于应有水平的价格购买那种产品，能够花在其他产品上面的钱便相应减少了。

---

① 美国棉花案例特别具有启发性。截至 1956 年 8 月 1 日，棉花的结转存货量为 1 452.9 万包，这个创纪录的数字超过了整整一年的正常产量或消费量。为了应付这种局面，政府改变其做法，决定将大部分的收成从棉农那里买进，再立即折价转售。为了夺回美国棉花的国际市场，1961 年，政府对棉花采取出口补贴，补贴金额从每磅 6 美分提高到 8.5 美分。原棉的结转存货量的确因此下降，但美国纺织品的国际市场却因此处于严重的竞争劣势，这还不包括纳税人被迫承受的损失。因为这样做等于补贴了外国纺织业，被牺牲掉的是美国纺织业。这是典型的由政府限定价格的做法，这种做法往往是避得开一个恶果，而避不开另一个恶果。

2

主张实施限产政策的人通常的解释是，在市场经济条件下也会发生产量下降的事情。但这种观点与我们在前一章谈过的观点存在着根本上的不同。在自由竞争的市场经济中，由于价格下跌而被逐出市场的，都是高成本、低效率的生产者。拿农产品来说，被淘汰出局的是那些能力最差、设备最差或耕地最贫瘠的农民。在最肥沃的土地上耕种，能力最强的农民，根本不用限制产量。相反，如果价格下跌是平均生产成本下降促成的，并通过增加的供给表现出来，在边际土地上耕种的边际农民会被淘汰出局，这有助于耕种农田的能干农民扩大其生产。所以，从长期来看，农产品的产量可能不会减少，而且这些农产品的生产和销售将长期保持较低的价格。

若真的出现这种好现象，那么该商品的消费者将会获得和以前一样充裕的供给。但由于价格更加便宜，他们得以节省下更多的钱，转而用于购买其他东西。显然，消费者会过得比以前更好。他们购买其他产品数量的增加会增加其他行业的就业，以前的边际农民会被这些行业所吸纳，去从事更有劳动价值、更有效率的新职业。

我们再回过头看政府干预的情形。一刀切限制生产的结果，不仅意味着不准效率高、成本低的生产者降低产品价格，同时意味着效率低、成本高的生产者仍将被人为地保留在业内。这就使得产品的平均生产成本提高，生产效率下降。因为土地、人力和资本这些资源被无效率的边际生产者继续占用，它们就无法转移到收益和效率更高的行业。

实施限产至少让农产品的价格提高了，而且“农民拥有了更多的购买力”，这种论调毫无意义。农民增加的购买力都是从城市消费者那里转移过来的。（在“等位价格”那一章，我们已经做过充分的说明。）贷款给农民用来限产，或者给予农民补贴用来人为控制产量，都无异于强迫消费者或纳税人向无所事事的人支付报酬。在任何情况下，这种政策的受益者肯定都增加了“购买力”，但同时，总有其他人会因此损失等量的购买力。社会净亏损就是生产损失，因为人们不思生产的行为得到了鼓励。由于可供应的东西减少，每个人能买的东西变少，实际工资和收入必定下降，要么是货币总量减少，要么是生活成本提高。

要是我们强制抬高某种农产品的价格，同时并不实施人为的限产政策，那么价格过高、卖不出去的农产品会越积越多，直到那种产品的市场走向崩溃。政府不干预还不至于产生如此严重的后果。或者，其他不受限产计划管制的生产者，在人为高价的刺激下，会争相大幅增加其产量。英国的橡胶生产限制计划和美国的棉花生产限制计划都发生过上述情况。这两个计划都导致价格最终暴跌，其破坏程度远远大于不实施限制计划时的程度。一开始大力“稳定”价格和局面的计划造成的价格不稳定远超市场的自由力量。

然而，不断有新的国际商品管制计划被提出。这一次，他们告诉我们会避免一切犯过的错误。这一次，设定的价格不仅对生产者“公平”，对消费者同样“公平”。生产国和消费国都会理性地对待这个计划，因而将对设定的价格达成一致。尽管一些人对此抱有怀疑甚至冷嘲热讽的态度，设定的价格必将使生产和消费在各国间“公正”分配和配置，而只有冷嘲热讽者才会在这方面卷入不适当的国际纠纷。最后，一定会出现伟大的奇迹：这个实施超级国际管制和强制计划的世界，会变成“自由”国际贸易的世界！

我不确定政府规划官员所说的这种自由贸易到底是什么意思，但是他们的言外之意不包含哪些事情，我们相当确定。他们的意思绝对不是说，平民百姓能够以他们愿意的任何价格或利率，在他们认为最能盈利的地方自由地从事买卖或者借贷。他们的意思绝对不是说，平民百姓可以自由地按意愿决定某种作物的种植量，自由出入某地，自由定居，自由支配自己的资本和财物。我怀疑，他们的意思是说，应由官僚来替平民百姓决定这些事情，并且告诉平民，服从计划的回报将是生活水平的提高。但是如果规划者得以将强化国家主导、控制经济生活的观念绑定到国际合作的观念中，那么未来的国际控制很有可能会同过去的情形一样：随着普通人越来越不自由，他们的生活水平将每况愈下。

第 17 章　政府管制价格

1

我们已经了解了政府把商品价格限定在自由市场水平之上所造成的一些影响。现在让我们来看一下，政府将商品价格限定在市场自然水平之下的做法及其结果。

各国政府在战时几乎都实施过这种限定价格的做法。我们在这里不会去探究战时管制价格的学问。全面战争期间，整个经济必须由国家来掌控，战时的复杂状况会使我们远离本书所关注的主题。[①] 不过，不管战时管制价格的做法明智与否，几乎所有的国家在战后很长一段时间内仍在实施价格管制，即使当初启动价格管制的理由已经不复存在。

---

① 作者的结论则是，在全面战争期间，虽然政府在战时必须优先考虑某些事务，由此不可避免地会采取分配或配给措施，但政府管制价格很可能会造成特别大的伤害。限定最高价格需要结合配给制（即使是暂时的）才能行得通，而实施配给则不一定要结合最高限价。

战时通货膨胀的压力是价格管制的主要理由。本书撰稿时，几乎每个国家都在经历通胀，虽然大多数国家安享和平，但总会出现管制物价的暗示，尽管并未立即实施。虽说管制物价对经济一定有害（或者是破坏性的），不过对于政府官员来说，这样做至少具有一项政治上的好处。他们通过暗示把物价上涨归咎于企业家的贪婪，而没有归咎于政府官员自己所实施的通胀性货币政策。

我们先来看看政府以低于自由竞争市场的价格限定单一商品或者一小部分商品的价格时会发生什么情况。

政府准备只管制一小部分商品的最高价格时，通常会先选择那些关系到民生的必需品，理由是确保穷人能够以“合理”的价格买得起必需品，这比什么都重要。我们假设这其中有面包、牛奶和肉类。

压低生活必需品价格的说法，往往是这样提出来的：如果我们任由市场去决定牛肉（举个例子）的价格，那么价格会被争相购买的消费者推高，这样一来，只有富人才买得起牛肉。人们得到的牛肉只与他们的购买力成正比，而与他们的基本需要不成正比。如果我们压低牛肉价格，每个人都能得到公平的一份。

对于这一论调首先要注意的一点是假如它能生效的话，政府所采取的政策会前后矛盾、畏首畏尾。因为如果是由购买力而非需求来决定牛肉的市场价为每磅 2.25 美分，那么购买力还会让牛肉的法定“最高”限价定在每磅 1.50 美分。事实上，只要牛肉还需要拿钱去买，这种“由购买力而非需求决定”的论调就能站得住脚。只有在牛肉免费奉送时才不适用。

但是出台最高限价的措施往往是为了“维持生活费用不再上涨”。其倡议者不自觉地预设了在其管制启动时的市场价格是尤其“正常”或神圣不可侵犯的。这个初始价格或以前的价格被视为“合理”，比它高的任何价格都“不合理”，人们通常不去理会初始价格设定之后生产或需求状况所发生的变化。

2

在讨论这个主题时，我们必须假设民众的购买力大于商品的供给，并且政府限价低于自由市场价位。因为，要是假设政府把价格刚好限定在自由市场价位，那就和根本不实行价格管制没有区别，是毫无意义的。

当商品价格被人为限制在它的市场价位之下时，不可避免地会带来两个结果。第一是导致受控商品的需求增加。由于该商品变得便宜，人们因为图便宜且买得起所以买得更多。第二是导致受控商品的供给减少。由于人们买得更多，该商品势必供不应求。但与此同时，生产积极性却遭到打击。利润率降低，甚至产生不出利润。边际生产者被迫出局，即使最有效率的生产者也可能迫于政府的指令亏本经营。这种事情就曾在第二次世界大战期间发生过，当时的屠宰场在美国物价管理局的要求下，以低于购买活牛和屠宰加工人力成本的售价持续屠宰和加工肉制品。

因此，如果政府暂不采取其他措施，最高限价将造成受控商品的缺乏。但这恰好与政府监管部门的本意背道而驰。因为被选定的限价商品都是监管部门最希望其保持充足供应的商品。然而监管部门限制了此种商品生产者能赚取的工资和利润，却没有限制奢侈品或半奢侈品生产者的工资和利润，这样做其实是在打击限价必需品的生产，从而相对刺激了非亟需商品的生产。

监管部门迟早会认识到这一点。为避免产生上述结果，他们接下来会采取其他各种办法和管制措施。这些措施包括配给制、成本管制、补贴和全面管制价格。我们来一一讨论这些措施。

当把价格限定在市场水平以下致使一些商品出现明显的短缺时，有钱人被指控得到的必需品“超过公平份额”；要是受控商品是生产用的原材料，就会有公司会被指责为“囤积居奇”。于是政府会制定一套规则，规定谁有购买该商品的优先权，或者分配对象和数量，或者如何分配。如果实施配给制度，就意味着定量供应，每位消费者最多只能得到自己的那份定量，想多购买都不行。

总之，一旦采取了配给制度，就意味着政府采取的是双重价格体系，或者是双重货币体系。在这个体系中，每位消费者除了持有一定数量的钱，还必须拥有一定数量的票券或“额度”才能买到东西。换句话说，政府限价市场试图通过配给去执行自由市场通过价格所做的部分工作。之所以说只是“部分工作”，是因为配给只限制需求，并不刺激供给，而价格上涨则是两者兼具。

为了保证供应，政府可能扩大管制受控商品的生产成本。比方说，为了压低牛肉的零售价格，政府可能限定牛肉的批发价、屠宰场的牛肉价格、活牛的价格、饲料的价格、农场工人的工资。为了压低递送牛奶的价格，政府可能限定牛奶送货司机的工资、奶品包装的价格、农场的牛奶价格、饲料价格。为了管制面包的价格，政府可能限定面包房工人的工资、面粉的价格、面粉厂的利润、小麦的价格等等。

政府继续扩大受控商品范围的同时，也扩大了我们前面提到的实施价格管制的后果。假使政府有魄力、有能力去限定受控商品的成本，成本控制也只会导致受控商品的各种生产要素（如劳工、饲料、小麦等等）出现短缺。这么一来，政府就不得不继续扩大受控商品的范围，最终结果将会跟全面价格管制的结果一样。

政府也可能采用补贴的办法来应对上述困境。例如，政府发现，当把牛奶或黄油的价格限定在市场价位之下，甚至比其他受控商品价格还偏低时，短缺就可能发生。因为生产牛奶或黄油的工资及利润率，还比不上生产其他商品。因此政府为了补救这种现象，对牛奶和黄油的生产者进行补贴。我们假设补贴已被顺利批下来，并且假设补贴刚好足够确保牛奶和黄油相对其他商品所需的产量，很明显，虽然补贴付给了生产者，但真正得到补贴的却是消费者。因为，生产者整体上拿到补贴后的收入，与受控前按市价销售的收入差不多；而消费者却能以远低于自由市场的价格买到牛奶和黄油。两者的差价，正是他们获得的补贴金额——政府表面上付给生产者的补贴金额。

现在，除非接受补贴的商品也实施配给，否则购买力最强的人会买得最多。这意味着，他们得到的补贴会比购买力较弱的人更多。到底谁补贴了消费者取决于如何征税。但如果既是纳税人又是消费者，便是自己补贴自己。在这种错综复杂的状况中要辨别谁补贴谁有些困难。被忽视的一点是补贴的钱必须由某人买单，没有什么办法能让整个社会不付出就有收益。

3

价格管制往往能起到立竿见影的效果。尤其在战争时期，它会一度运作得很好，其间爱国意识和危机感使价格管制获得支持。但是时间越长，实施难度就越大。当价格被政府强制压低后，需求会长期超过供给。我们已经看到，要是政府为了防止受控商品供应短缺，进而去压低其劳工、原材料和其他生产成本中各要素的价格，就会使这些生产要素的供给也出现短缺。照这样下去，政府不仅会发现沿产品线“纵向”扩大价格管制不可避免，也会发现有必要对不同产品线“横向”扩大价格管制。如果我们对某种商品实行配给，尽管民众仍拥有过剩的购买力，当他们的需求得不到满足时，就会转向购买其他某种替代品。换句话说，随着实施配给的商品日益短缺，仍未实施配给的商品一定会承受越来越大的压力。如果我们假设政府成功地控制住了黑市活动（或者，至少使其无法发展到足以取代法定价格的程度），那么，继续实行价格控制则一定会迫使政府将越来越多的商品纳入配给的范畴。这种配给也不可能只限于消费者。第二次世界大战期间，政府除对消费者实施配给外，还首次对生产者实施原材料配给。

简言之，旨在将某种历史价格水平永久化的全面价格管制，最后自然会制造出一个完全受管制的经济体。工资必须像物价那样被强制压低。劳工必须像原材料那样被强制纳入配给。最终结果会是政府不仅规定每位消费者能拥有多少商品，还规定每家制造商能拥有多少原材料，雇用多少劳工。竞价购买原材料将不被允许，竞价招揽劳工也不被允许。结果会形成僵化的集权经济，每家厂商和每个劳工都在政府的摆布之中，最后则是放弃我们平民曾经拥有的全部自由。正如两个世纪前亚历山大·汉密尔顿（Alexander Hamilton）在《联邦党人文集》（*Federalist Papers*）

一书中所指出的："控制一个人生计的权力就是控制一个人意志的权力。"

4

这就是被称为"完美的"、长效的和"无关政治的"价格管制的后果。官僚们酿成的一些更为严重的大错，有一部分被黑市所缓解。这种现象在一个又一个国家被充分印证，尤其是在第二次世界大战及战后的欧洲各国。在有些国家，黑市不断成长壮大，破坏并在实质上取代了法定的限价市场。然而，通过在名义上维持最高限价，掌权的政客们试图要表明他们的立意完全正确，只是其政策没有被很好地贯彻执行。

然而由于黑市最终取代了法定的限价市场，就不能自以为伤害不存在。这种伤害既有经济上的，也有道德上的。在这一转变过程中，历史悠久、商誉良好的大公司却因为遵纪守法而遭到限制，甚至被迫停产。取而代之的，是那些资本和生产经验极少的不可靠的公司。跟那些被取代的公司相比，这些新公司经营效率差，产品粗劣，而且成本要比老公司先前生产优质商品的成本高出许多。正所谓诚信吃亏，欺瞒获益。这些新公司依靠钻法律空子求得生存和发展，顾客和它们沆瀣一气，这种道德败坏的风气会自然蔓延至所有商业行为中。

此外，政府价格管理部门，很少真正努力去维护现行的价格水平。他们声称旨在努力“维持现状”，然而，他们很快就会以消除不公平和不公正的名义，着手实施歧视性的价格管制，结果是政治力量强大的群体得到的政策倾斜照顾较多，其他的群体则得不到照顾。

得票数多的，政治力量就强，这是当局喜欢讨好劳工和农民的原因。起初，官员们的说法是，工资和生活成本并无关联，不用涨价就能轻易涨工资。当涨工资势必牺牲利润时，官员们的说法是，利润本已过高，价格要维持，工资要涨的同时，生产者仍可以获得“合理的利润”。没有所谓的统一利润率，不同企业的利润各不相同，对利润一刀切的做法势必将收益能力最差的公司淘汰出局，进而导致若干商品的产量减少或停产。这就意味着人们失业，生活水平下降和生产萎缩。

5

实行最高限价的根本依据是什么？首先是误解了导致价格上涨的原因。价格上涨的真正原因是商品匮乏或货币过剩。法定价格上限根本无法解决这两方面的问题。事实上，我们刚刚已经看到，这只会加剧商品短缺。至于货币过剩该如何应对，我们会在后面的章节讨论。但支持限价政策的谬误之一正是本书的主要议题。正如不断出台计划抬高受欢迎商品的价格是缘于政府一心顾及生产者的眼前利益而没有考虑消费者的利益，凭借法令压低某些商品价格的计划则是缘于政府一心顾及国人作为消费者的眼前利益，而没有考虑国人作为生产者的利益。公众同样没有清楚地认识到这一点，稀里糊涂地支持那些政策。人们当然不想为牛奶、黄油、鞋子、家具、房租、戏票、钻石花更多的钱。任何时候，这些东西的价格一上涨，消费者就开始愤慨，感觉遭人敲竹杠。

唯一的例外是他自己生产的东西，这是他理解并赞成价格上涨的原因。不过，人人都觉得自己的产品才是这种例外。他会这样说："我的企业现在情况特殊，一般人根本不了解。人工成本在涨，原材料价格也在涨，当这种或那种原材料不再进口时，人们必须购买成本较高的国产货。这时人们对产品的需求已经在增加，应该允许企业把价格调高一点儿，这样才能加大供应和生产来满足这些需求。"每个人作为消费者时，都会买很多不同的东西；作为生产者时，通常只生产一种产品。若自己产品的价格被压低，他会觉得很不公平。正如每家厂商都希望自己的产品价格能够上涨，每个劳工也都希望自己的薪酬能够调高。每个人作为生产者时，都看得出价格管制限制了自己的生产，但是几乎每个人都不愿将观察到的这个事实推己及人，因为这意味着他会付更多的钱去买别人的产品。

简单地说，我们每个人都具有多重的经济角色。每个人都是生产者、纳税人，也是消费者。他所支持的政策，取决于当下对自身利益的考虑。因为他有时是矛，有时是盾。作为生产者时，他希望涨价（因为顾及自己提供的服务或生产的产品）；作为消费者时，他希望最高限价（因为顾及自己的钱袋）。作为消费者，他可能主张或者默许政府实施补贴；作为纳税人，他反对政府实施补贴。每个人都在想从各种政治力量的斗争中获利，例如让自己的产品涨价而压低原材料的价格，或者作为消费者支持价格管制。但是绝大多数的人都在自欺欺人，因为利用政治力量操纵价格注定得不偿失；而因为管制价格不可避免地会限制和破坏就业与生产，结果则更加得不偿失。

第 18 章　房租管制的后果

政府对房屋和公寓房租的管制是价格管制的一种特殊形式，其大部分后果跟一般的物价管制很像，但仍有几点需要特别提及。

房租管制政策有时附属于一般物价管制，但多数时候则是通过专门的立法来规范的。政府常在战争初期实施房租管制。部队驻扎在小镇上，出租业者抬高房间租金，公寓和房屋的业主提高租金。这往往会引起民众的不满。或者，有些城镇被炸弹炸毁，而对武器装备和其他供应物资的需求又挤占了原本用于建筑行业的材料和劳工。

最初实行房租管制依据的论调是房屋供应缺乏“弹性”，也就是说，即便房租涨得再高，房荒问题也不可能立刻得到解决。有人因此提出，如果政府禁止房租上涨，可以保护租户不会被盘剥，同时不会对业主造成实质性的伤害，也不会打消人们新建房屋的积极性。

即便房租管制实施时间不是很长，这个论调也有缺陷。它忽视了即时影响。如果业主可以涨房租从而反映出通货膨胀和供需的真实状况，租户就会精打细算，租用更小的空间。这将使供应不足的住所出现更多合租的人。相同数量的住房住下了更多的人，直到房荒得到缓解。

然而，房租管制助长了租户浪费使用本来就紧张的居住空间，它造成一种差别性待遇——对特定城市或区域内已经占有房屋或公寓的租户有利，却牺牲了四处找房的外地求租人的利益。允许租金上涨到自由市场的水平，则可以让所有的租户或求租人享有同等的机会，竞价争取居住空间。在通货膨胀或房源短缺的状况下，如果允许房租随行就市，那么租金肯定会上涨。

房租管制持续的时间越久，结果越糟。新的房子不会盖出来，因为没有经济动力就没有人愿意建造新住宅。随着建筑成本升高（通常是通货膨胀造成的），以前的房租水平将不会再有利润。如果政府最后认识到了这一点（往往早已看得很清楚），并且不把新房屋的租金纳入管制范围，尽管政府对新建住宅进行激励，但新建住在数量还是少，比完全不对旧房层实施租房管制时还少。新房屋的租金可能是同等大小旧房屋的 10~20 倍不等，具体要看旧房屋租金的价位，以及旧房屋租金管制以来的货币贬值程度。（这样的事情曾经发生在第二次世界大战后的法国。）在这种状况下，住在老房子中的租户，不管家庭人数增加多少，或者目前的房屋多么破旧，他们都不愿意搬迁。

由于旧建筑的房租被法令固定在低价位，已经住在里面的租户可以放心浪费占用的空间，不论家庭人数是多是少。如此一来，压力一下子集中到了对数量相对较少的新建筑的新增需求上。所以，新房屋的租金，在管制初期往往超出了完全自由的市场中应有的价位。

不过，此类高房租不足以激励新住宅的建设。因为老房子的建筑商或业主，可赚取的利润受到限制，甚至处于亏损，他们很少有或者完全没有资金去建造新房屋。此外，他们或有其他资金来源的人也不敢投，因为担心政府随时另找借口对新房屋实施房租管制，现实中经常发生这种事。

房屋在使用过程中是需要维修的，管制所引发的最突出的问题是除非政府允许房租适度调高，房东不会自找麻烦修缮公寓或做其他方面的改善。事实上，在房租管制和现实严重脱节，房租价位打压过猛的情况下，房东甚至不会对租出去的院宅或公寓给予最起码的维修。他们不仅没有经济动力，甚至没有足够的资金去维修。房租管制法造成的影响之一是房东与房客之间关系恶化：房东被迫接受最低的回报率，甚至不赚反赔，租户则抱怨房东连起码的维修都不管。

迫于纯粹的政治压力，或者出于模糊不清的经济理念，立法机构往往接着取消“高档”住宅的房租管制，但继续维持中低档住宅的房租管制。理由是富人负担得起较高的房租，穷人却负担不起。

然而，这种歧视性措施的长期影响与其支持者的预期正好相反。高档公寓的建筑商和业主得到鼓励和更好的回报，而需求更为迫切的低租金房屋，其建筑商和业主反而受到限制和惩罚。前者可以自由地赚取供需状况所允许的最大利润，后者却没有动力（甚至没有资金）去建造更多的低租金房屋。

这项措施鼓励了人们对高档住宅的维修和改善，新建住房都倾向于转向高档公寓。可是，人们却没有动力去建造新的中低档房，甚至没有动力去好好维修现有的低收入住房。由此导致低收入群体的居住质量每况愈下，而且房屋数量不会增加。随着人口增长，低租金房屋的破败和短缺程度越来越严重。甚至严重到许多房东不赚反赔，损失不断扩大。一些老房子甚至连卖也卖不掉，业主最后可能为逃避税负干脆抛弃房产。当业主停止住宅的供暖和其他的基本服务时，租户也只有另找住处。越来越多的社区成了无人居住的陋巷。近年来，在纽约市经常可见整片小区都是废弃的公寓建筑，有的窗户被打破，有的用木板钉死以防遭人进一步破坏。纵火案比以前增多，有的嫌疑人竟然就是房屋业主。

房地产价值持续缩减，市政收入的税收基础持续萎缩，城市破产，或者无法继续提供基本的服务。

当这些糟糕的结果引起广泛关注时，那些实施管制的人当然不会承认有过错。相反，他们会将其归咎于资本主义体系。他们争辩说，私人企业再度“失灵”，“私人企业不可能把事情做好”，所以，他们称政府必须介入亲自兴建廉租房。

那些参与过第二次世界大战的国家，以及那些为了平抑通货膨胀而实施房租管制的国家，绝大多数都走上了这条路。

于是乎，政府推出规模浩大的公共住宅兴建计划（当然是拿纳税人的钱去做这件事）。当然，这些住宅的房租根本不足以弥补房屋的建造和营运成本。不足的部分通常由政府每年拿钱补贴，无论是通过收取低廉的房租来直接补贴租户，还是以各种名义补贴公共住宅的承建商和物业公司。政府公共政策的实质，都是其他纳税人在补贴租户，帮他们付一部分租金。这些租户是被政府选中的接受优待的一群人。对于优待这群人会产生的各种政治可能性一看即知，无须多说。在此过程中，一个压力集团将由此形成并壮大，认为它有权接受纳税人的补贴。这样下去必然引发全国性国家福利制度的要求。

实施房租管制最具讽刺的一点在于它越是背离现实、手段越严厉、越不公平，支持继续管制的政治呼声就越强烈。如果法律限定的房租平均约为自由市场租金的 95%，这时房东承受的不公平程度较轻，此时取消房租管制遇到的政治阻力不会太大，毕竟租户只需要多负担约 5% 的房租。但是如果法律限定的房租只相当于自由市场租金的 10%（或许因为通货膨胀严重，或者房屋管制法十分严厉，总之跟现实大幅脱节），那么业主和房东就承受着巨大的不公平，此时取消房租管制，要租户转而支付高租金，就会引起非常强烈的反对，痛斥取消管制的邪恶用心。反对者会说，突然加重租户房租负担过于残酷和不合情理。即便反对实施房租管制的人也倾向于承认取消管制必须慎重、渐进、慢慢来。其实，在这种状况下，极少有房租管制的反对者会怀有政治勇气和经济远见去请求逐步取消管制。总之，房租管制越是不切实际、不公正，取消管制在政治上的可行性就越小。在许多国家，即使其他的价格管制形式已经取消了好多年，但危害不小的房租管制依然照旧在实施。

继续实施房租管制的政治借口极易迷惑公众。法律有时规定，当“空置率”高于某个数字时，可以取消管制。执行房租管制的官员总是提醒公众，空置率还没有达到那个数字。这当然是不会达到的。事实上，政府把法定房租压得远低于市场价位，人为增加需求的同时，却限制了供应的增加。因此租金上限越低，出租房源的供应越可能出现持续的“匮乏”。

施加给房东的不公平很多是公然进行的。这里再说一遍，房东们是被迫补贴租户一部分市场租金的，为此他们往往背负着很大的净亏损。享受补贴的租户，也许会比补贴他们的房东还富有。因为大家都同情租户，这使政治人物忽视了这一点。其他行业中因为同情租户而支持实施或者维持房租管制的人绝不会自找麻烦，建议通过自己缴税承担一部分的补贴份额。于是，全部的负担落到一小群“邪恶的”拥有出租房屋的人身上。

有些陋巷业主被人蔑称为恶房东。恶房东是些什么样的人呢？这些人拥有的房子并不是坐落在时尚街区的豪宅，而是位于贫民窟的破旧老屋。那里的房租最便宜，交租拖拉、不稳定、不可靠。难以想象为什么（除非天生邪恶）一个能买得起体面出租房屋的人会决定成为恶房东。

不合理的价格管制施加在面包等快速消费品上的时候，面包店只要停止烘焙、停止出售就行。而面包马上就会供不应求，接着就会迫使政治人物提高价格上限，甚至取消价格管制。而房租管制则有所不同，房屋经久耐用，可能要住上好几年，租户才会开始感受到政策打击新建住宅、普通养护和维修的苦果。也许再过数年，人们才会意识到房荒与房屋设施恶化，与房租管制有直接的关系。与此同时，只要房东在扣除税金和抵押贷款利息后还有点净收入，他们就别无选择，只能继续持有并出租房产。政治人物知道租户的票数比房东的票数更多，还会在被迫放弃一般价格管制后继续实行房租管制。

同到我们的基本课程。取消房租管制的压力来自于只顾某个群体短期利益的那些人。但如果我们考虑每个人（包括租户本身）受到的长期影响，我们就会认识到房租管制徒劳无益，就会认识到管制手段越严厉、实施时间越长，它的反作用就会越大。

第19章　最低工资法

1

我们已经看到政府独断专行提高某些商品的价格所带来的有害结果。通过法律规定最低工资标准来提高工资也会造成类似的有害结果。这不足为奇，因为工资其实也是一种价格。很不幸，劳动服务价格取了个与其他的价格迥然不同的名称，这实在让人匪夷所思。大多数人因此无法了解商品价格和劳动力价格是由同样的原则在支配的。

一说起工资，众人的思维就变得过于情绪化和政治化了，这使得大多数讨论都忽略了上述最简明的原则。有不少人会率先站出来驳斥“人为抬高商品价格可以带来繁荣”的观点；还有人会率先站出来指出最低价格法可能适得其反，给他们想要帮助的行业造成很大的伤害。可是这些人却力挺最低工资法，并毫不犹豫地指责持反对意见的人。

然而应当明确的是，最低工资法至多只是克服低工资弊端的一个有限的武器。只有当其目标适中时，这项法律有可能带来的利才会以相应的比例超过其可能造成的弊。最低工资法越激进，其试图照顾的劳工数量越大，其试图拉动的工资涨幅越大，导致其弊大于利的可能就越大。

举例来说，要是法律规定，每周工作 40 小时的工资不得低于 106 美元，那么，首先会发生的是，那些劳动价值够不上这 106 美元的劳工将统统被雇主开除。规定开出过低工资就算违法并不能使雇员的劳动价值一定够得上最低工资标准。法律只不过剥夺了人们依靠自身的能力和条件挣到相应工资的权利，同时也剥夺了社会享有这部分人力所能够提供的廉价服务。简单地说，这不过是用失业取代低工资。由此造成的各种损害并没有得到相应的弥补。

唯一的例外是，一大群劳工所领的工资全都低于市场价值的状况。这种状况只可能发生在极少数特殊局面或者没有自由和充分竞争的地区。但是这些特殊情况几乎都可以通过工会以有效、更灵活和更少潜在危害的方式予以解决。

可能有人认为，如果法律强制规定某行业支付更高的工资，那个行业可采用提高产品价格的方式，将工资负担转嫁给消费者。然而，这种转嫁并不容易，而且人为调高工资的后果也无法轻易逃脱。产品提价不大可能：只会使消费者转而去购买同类进口产品或其他替代品。即便消费者还在购买涨工资行业的产品，但相应的涨价将迫使他们买得比从前少。由此，该行业的某些劳工能从高工资中受益，其他行业的劳工将被迫失业。另一方面，如果工资涨而价格不涨，这个行业的边际制造商将破产倒闭，所以这样也会造成产量减少和失业。

在指出了上述后果之后，有人会说："讲得好！如果某行业全靠支付过低工资存活，那用最低工资法把这个行业淘汰掉岂不更好！"但这种大胆的说法却忽视了现实。首先，他忽视了如果某些产品停产，消费者将蒙受损失。其次，他忘了某行业的所有从业人员会因此失业。最后他还忽略了一点，即便某行业的工资很低，却是该行业劳工的最佳选择，否则，那些劳工早就改行了。因此，如果某行业因为最低工资法而遭淘汰，先前的该行业劳工会被迫转行到更不如意的其他行业。求职竞争会压低其他行业的工资。最低工资法必定造成失业增加，不可能得出其他结论。

2

此外，若为了扶助因最低工资法造成的失业人群而制定救济计划，还会引发出一个令人费解的问题。比如，法律把每小时最低工资定为 2.65 美元，表明劳工一周工作 40 小时而工资低于 106 美元的，统统为法律所禁止。再假设现在的失业救济金标准是一周 70 美元。这意味着，我们宁可每周花 70 美元去养活一个闲人，也不肯让人尽其所能去挣得周薪为 90 美元（举例来说）的工资。我们使社会失去了这部分人的服务所提供的价值，也剥夺了这些人凭自力更生（即使工资稍低）而拥有的独立与自尊，同时使他们的收入比不上其劳动所得。

只要救济金标准还低于一周 106 美元，就会带来上述后果。而且，救济金越高，其他方面的状况就会越糟。如果救济标准调到一周 106 美元，那么对于许多人而言，工作与不工作的收入一个样。此外，无论救济金标准高还是低，都会造成这种局面，即每个人努力工作，挣得的只是工资与救济金之间的差额。举例来说，假设每周的救济金是 106 美元，某劳工每小时工资是 2.75 美元，即周薪 110 美元，那么该劳工实际上只是在为每周 4 美元的工资而工作，因为他即使不工作每周也能领到 106 美元。

为避免上述结果，有人或许会建议提供“工作救助”，而不是“家庭救济”，但这只是换汤不换药。工作救助意味着我们付给受惠劳工的工资比市场上付给他的工资高。因此，他们领取的救助性工资，只有一部分是劳动报酬，其余则是变相支付的救济金。

这里还必须指出政府“制造的工作”必定在效率和效用上都很成问题。政府不得不弄出一些工程雇用技能更差的劳工。他们往往得不到木工、泥瓦工等专业培训，因为政府担心这些人和已经拥有那些技能的人相互竞争，甚至引发与工会之间的对立。虽然我不建议补贴，但是如果政府直接补贴那些拿低工资的“近边际劳工”（submarginal workers），也许害处会更小。可是政府这样做又会自找政治麻烦。

这个问题就谈到这里，不然就会涉及不直接相关的问题。但是必须记住，在我们考虑实施最低工资法或提高最低工资时，一定要认识到实施救济的困难和后果。①

最后要提一下主张立法规范最低工资的另一种论调：一家大公司如果垄断某一行业，它便不用担心竞争，可以用低于市价的工资去雇用员工。这种情况存在的可能性非常小。“垄断”公

① 1938 年，美国所有制造业的平均工资是每小时约 63 美分，国会制定的最低工资限额仅为每小时 25 美分。1945 年，当所有工厂的平均工资提高到每小时 1.02 美元时，国会制定的最低限额为每小时 40 美分。1949 年，当所有工厂的平均工资提高到每小时 1.40 美元时，国会将最低限额提高为每小时 75 美分。1955 年，当所有工厂的平均工资提高到每小时 1.88 美元时，国会将最低工资限额提高到每小时 1 美元。1961 年，当所有工厂平均工资提高到约每小时 2.30 美元时，最低工资提高到每小时 1.15 美元，1963 年再提高到 1.25 美元。为了减少最低工资与平均工资的差额，最低工资不断提高：1967 年为 1.40 美元，1968 年为 1.60 美元，1974 年为 2.00 美元，1975 年为 2.10 美元，1976 年为 2.30 美元（当时非农私人部门的平均工资是 4.87 美元）。1977 年，当非农部门工人的平均工资达到了每小时 5.26 美元时，最低工资提高到每小时 2.65 美元，并制定了每三年调增最低工资的办法。这样就使得法定最低工资必须至少是与平均工资同比例增长。虽然最低工资的增长要仰仗平均工资的增长，但看上去却像是最低工资法案在推动平均工资增长。

司在形成过程中必须以高工资从其他行业吸引员工。形成垄断之后，理论上它的工资率涨幅可以不如其他行业，并以“低于标准”的工资招募特殊技能的人才。但是只有这个行业（或者该公司）陷入困境或者萎缩，这种情况才可能发生。如果它所处的行业正在兴盛或扩张阶段，就必须继续用比较高的工资才可能扩增其员工人数。

经验告诉我们，那些被指责为“垄断”的大公司，所支付的工资最高，所提供的工作环境最吸引人。绩效较差的小公司迫于竞争压力，支付的工资往往也最低。但是所有的雇主都必须支付足够高的工资，才能留住员工、吸引人才。

3

以上所说并非表明我们找不到提高工资的方法，而是要表明，靠政府法规来提高工资的这种方式，表面上看起来简便易行，其实是错误的，并且是最糟的方式。

这里或许最适合指出，对于最低工资法的提案，在改革派与无法接受其改革提议的人两者之间的差异不在于前者更有慈悲之心，而是他们更缺乏耐心。问题不在于我们是否愿意看到每个人都尽可能生活富足。任何有良心的人当然希望大家都过得好。真正的问题在于用什么合适的手段去实现。在回答这个问题时请不要无视一些最基本的常识。我们没办法让大家分得的东西比大家创造的东西还多。从长期来讲，我们也没办法让全体劳工工资长期高出他们创造的价值。

因此，提高工资的最佳手段，是提高边际劳工的生产力。这可以通过许多方法来实现。如：通过增加资本累积，例如添置机器以协助劳工；通过引进新的发明和技术改进；通过提高雇主的管理效率；通过工人更加勤奋和高效的劳作；通过更好的教育培训等。个别劳动者产出越多，全社会的财富增加就越多。雇员产出得越多，对消费者的价值越大，因此对雇主的价值也越大，雇主也就越有可能给他涨工资。实际工资来源于生产，而不是来源于政府的法令。

所以，政府政策不应该给雇主增加更多的负担，而应该鼓励他们创造利润，鼓励他们扩张经营，通过添置更新、更好的机器来提高劳工的生产力。也就是说，不要限制资本积累，而要加以鼓励，并以此来增加就业、提高工资。

第 20 章　工会真的能提高工资吗?

1

当代最大的错觉之一是相信工会有办法长期为全体劳工大幅提高实质工资。产生这种错觉的主要原因在于没有认清工资从根本上来说是由劳动生产率决定的。举例来说，“劳工运动”在英国和德国盛行的数十年间，这两个国家总体的工资水平依旧远远比不上美国。

尽管有压倒性的证据表明劳动生产率是工资的决定性因素，但这个结论常被工会领袖以及自诩为“自由派”的一大批经济作家抛在脑后，甚至被拿来当作嘲笑的对象。但这个结论并非建立在那些人所嘲弄的假设上，即雇主们全都和善、慷慨，一看到劳动生产率有所提高，就给员工涨工资。这个结论真正所根据的假设与之大相径庭：雇主总是热切地追求最大利润。如果有员工要求的工资低于其为雇主创造的价值，雇主们怎么可能不充分利用这种好事呢？当有雇主了解到别的雇主招揽到一名劳工每周可替他赚 2 美元，这位雇主怎么可能去招揽一个每周只替自己赚 1 美元的劳工呢？只要这种状况存在，雇主们只有竞相出价，才能招募到优秀的劳工，直到劳工工资与劳工的最大经济价值相当为止。

以上所说并不表示工会起不到任何有益、合理的作用。工会能起到的核心作用是改善自身所在领域的工作条件，并且确保工会会员所提供的劳务能够达到实际市场价。

劳动力市场中，劳工谋职难，雇主用人难，无论劳工还是雇主都无法充分掌握劳动力市场信息。一个劳工也许根本不清楚他对雇主提供的劳务的实际市场价是多少。同时，劳工的议价能力往往较弱，他们为判断错误所付出的代价要远高于雇主。如果雇主不慎拒用了一个能干之人，共损失只不过是那个人所能创造的那部分利润，毕竟，雇主不愁招聘不到员工。但如果劳工以为能轻易找到一份待遇更高的工作而拒绝已拿到的就业机会，这个错误可能会令他损失惨重。工作是他唯一的谋生手段，他会发现自己根本无法很快找到待遇更好的工作，有可能那段日子连待遇低的工作也不好找。他最大的问题是时间上拖不起，因为他和全家都得吃饭。为避免这些风险，即便雇主开出的工资低于他心目中的“实际市场价”，他也可能接受。不过，要是受雇的劳工联合起来去跟雇主谈判，并且针对某类工作订立“标准工资”，劳工的议价能力就会增强，判断失误的风险就能降低。

历史经验却证明，因为劳动法律法规多向劳动者倾斜，甚至单方面强制约束雇主，工会容易超出本职，做出一些不负责任的行为，甚至采取短视、反社会的政策。例如，工会力图将其会员的工资标准定得高于他们劳动力的实际市场价。这样做一定会造成失业。事实上，为了达到这个目的，工会只能采取某种胁迫和强制手段。

其中一种手段是在考虑既有的专长或技能因素之外收紧会员资格这种限制有多种形式：对新工人收取很高的入会费；随意设定会员资格；以公开或隐秘的方式进行宗教、种族或性别歧视；对会员人数实行限定；排斥非工会劳工生产的产品，排斥外地工会生产的产品，必要时不惜诉诸武力。

通过胁迫和强制使工会成员的工资提高，在这方面最明显的例子就是罢工。罢工有可能会和平进行。只要罢工行动是和平的，便是劳工的合法武器。即便如此，罢工也应该只作为最后的手段。齐心协力的罢工有可能迫使支付过低工资的雇主妥协。雇主可能会发现，即便将罢工者都开掉，以原有的工资标准，也不太可能雇到同样优秀的劳工。但是，当罢工行动掺杂胁迫或暴力的手段——当罢工者组织大批纠察队阻止在职员工继续上班工作，阻止雇主招募新员工之时——罢工者的主张就难免令人生疑。因为纠察队的目标并非针对雇主，而是针对其他劳工，这些劳工恰恰希望得到老员工空缺出来的岗位，并且愿意接受老员工当下拒绝的工资。这个事实证明，可供新员工选择的其他工作机会都不如老员工拒绝的这份工作好。如果在老员工的强行阻止下，新员工根本无法上岗工作，这些人只有放弃选择当时对他们来说最好的工作，被迫选择那些相比较之下较差的工作。由此可见，罢工者们实际上是在据守其特权地位，使用强力来维护其相对于其他劳工的特权。

如果上述分析是正确的，那么，不分青红皂白地仇视“罢工破坏者”就是不讲道理的。如果罢工破坏者只是下面所说的这样一群人，人们仇视他们是有道理的。例如，受雇来的使用暴力威胁的专业打手，那些根本无法胜任工作却被雇主买通的员工，这些人伙同雇主制造营运照常的假象，目的是让罢工者妥协。但如果“罢工破坏者”只是普通的男女劳工，目的不过是为了求得一份稳定的工作，而且愿意接受原有的工资标准，那么他们就会被弄到条件更差的工作中，从而使罢工工人享受到更好的待遇。而现实中，只有随时使用威胁和暴力，老员工才得以维持这种优越地位。

2

冷静思考一下就会发现，“情绪经济学”孕育出来的理论很难自圆其说。其中之一是，劳工普遍“工资待遇偏低”。这就好比是说，在自由市场中，价格普遍长期偏低。另一古怪且固执的观念是，一个国家中所有劳动者的利益彼此完全相同，以某种隐匿的方式调高某一工会的工资，会给其他所有的工人带来好处。这种观念不但没有道理，而且事实上，如果某个工会强行为会员争取到的工资高于其劳务的实际市场价格，这样做对当地的其他人、对其他所有的劳工都会造成伤害。

为了更清楚地了解这种伤害如何发生，让我们设计一个极为简化的假想社会。假设这个社会仅由 6 群劳工组成，并且假设它们的总工资和产品的市场价值一开始是相同的。

这 6 群劳工分别是：（1）农场工人；（2）零售商店店员；（3）制衣工人；（4）煤矿工人；（5）建筑工人；（6）铁路职工。在没有任何胁迫的情况下，他们的工资率不一定要相等；但不管具体是多少，我们直接给每一群劳工一个以 100 为基数的原始指数。现在，让我们假设每一群劳工都组织了自己的全国性工会，这些工会仰仗自身行业的经济生产力、政治势力和战略地位提出各自的涨薪要求。假设结果是，农场工人不涨薪，零售商店店员涨 10%，制衣工人涨 20%，煤矿工人涨 30%，建筑工人涨 40%，铁路职工涨 50%。

根据上面所做的假设，可以计算出工资平均上涨了 25%。为方便计算，我们再假设各行业的产品价格涨幅与该行业工资增幅相同。（这里假设的数字，仅用来说明基本原理。我们知道存在一些因素使价格涨幅不会像我们说的这样，短期内更不可能如此。例如，劳工成本并不代表全部的成本。）

现在的情况是，生活费用平均上涨 25%。农场工人的货币工资虽然没有下降，但从能够买到的东西来看，他们的处境变得相当糟糕。零售商店店员的货币工资虽然涨了 10%，处境也比涨薪之前更糟。制衣工人的货币工资即使涨了 20%，生活也无法和以前相比。煤矿工人的货币工资纵然涨了 30%，购买力只是增加了一点点。建筑工人和铁路职工当然有所改善，但其实际获益比表面看上去小得多。

但是这样的计算也要建立在强行涨薪不会带来失业的假设之上。要这个假设成立，还必须保证在工资调增的同时，货币供应和银行信贷也等量增加。即使如此，工资率这样扭曲不可能不造成行业性失业，特别是在那些工资调增最多的行业中。如果相应的通货膨胀没有发生，强行涨薪会造成普遍性的失业。

若按失业率来计算，工资上涨最多的工会不见得排第一，因为失业会被转移或分散，这个过程与不同类别劳工的相对需求弹性和多种劳工需求的“连动”特质有关。我们把所有这些因素都考虑进去，失业劳工和受雇劳工平均起来处境就会比以前要糟，这种状况连工资上涨最多的行业也不例外。毫无疑问，总体福利的损失，远远高出用数字表示出来的损失，因为失业劳工承受的心理损失要远高于受雇劳工购买力增加一点点而获得的心理补偿。

这种状况也不能靠提供失业救济来解决。首先，这种救济大部分是由受雇劳工来负担，不论是直接还是间接，他们的工资都会因此减少。此外，我们此前已经知道，“充足”的救济会制造出失业，有几条途径能达成这样的结果。在过去，扶助失业会员是大工会的一项基本职责，所以，它们总是三思而后行，为了不造成大量失业，不太敢要求高工资。而在现代失业救济制度下，政府强迫一般纳税人负担工资率过高造成的失业救济支出，这样，工会便失去自我约束的必要，可以无节制地提出调资要求。此外，我们说过，“充足的”救济会使一些人根本不想再去工作，另外一些人努力工作挣来的实际收入仅仅相当于工资和救济金两者的差额。严重的失业意味着产品产量更小、国家更穷和每个人能拥有的东西更少。

工会主义的倡导者有时会用另一个答案来回答刚才的救济问题。他们承认，如今的大工会会员的确可能会欺压没有参加工会的劳工，不过补救办法很简单：人人都参加工会。然而，这种补救方案并没有那么简单。首先，组建工会不简单。尽管劳工组织工会有法律和政治上的鼓励（或软性规定成为工会），有法可依——瓦格纳—塔夫脱—哈特利法和其他的法律，但美国只有约四分之一的受雇劳工参加了工会。这并非偶然。组织工会的条件比我们所认为的要复杂得多。但即使人人参加工会，各工会的力量对比也可能比今天更加悬殊，一些劳工群体比其他群体的战略地位要优越很多，原因可能是会员人数众多、生产的产品更加不可或缺、其他行业对这一行依赖性更强、更有能力动用胁迫手段等。但实际情况并非如此，抛开假设本身的自相矛盾，如果所有劳工都能用胁迫手段把工资提高相同的幅度，会怎么样呢？从长期来看，没有人会过得比工资不调高时要好。

3

这样我们就找到了问题的核心。这里常用的假设是，调高工资是以降低雇主的利润为代价的。这种情况在短期内或在特定条件下当然有可能发生。例如，某家公司的工资被迫调高，但为了跟同行竞争，产品无法涨价，那么调增那部分工资，只好从利润中扣取。整个行业同步调增工资的情况比较少见。如果那个行业不用面对来自国外的竞争，该行业就可以通过提高价格把调资负担转嫁给消费者。考虑到消费者大多是劳工，必须付更多的钱购买商品，也就等于所有人的实质工资会因此下降。确实，由于商品提价，那个行业的销量可能下降，利润也随之减少，该行业从业员工人数和总工资也有可能等量减少。

当然，我们也可以设想有可能出现另一种情况：整个行业的利润减少后，雇用人数没有相应减少。换句话说，就是工资调增之后，总工资随之增加，不过行业利润足以承担由此造成的成本上升，并且没有公司因此倒闭。这样的结果不太可能，但它是可以想象的。

例如铁路行业，它没有办法通过提高票价将涨薪负担转嫁给乘客，因为政府法规不允许它这么做。

至少，工会有可能在短期内以牺牲雇主和投资人为代价，而获得工资调增的利益。投资人原本拥有很多流动资金，但是这些资金已经投资到铁路行业（举例来说）。他们的资金已经转变为了铁轨和路基、货车厢和火车机车。他们的资金原本可以投到其他很多地方，现在却被套牢在铁路上。对于那些已经投出去的资金，铁路工会可以迫使投资人接受较低的投资回报。只要收入高于运营成本，投资人就会继续让铁路公司运转，即使投资回报率只有 0.1%。

如此一来，就会产生一个难以避免的结果。如果投资人已经投到铁路上的钱，现在创造的收益比不上投资其他行业，投资人就不会再往里多投一分钱。他们也许会只更换一些已经耗损的设施，以保护现有的这一点点投资收益；但是长期而言，他们不会再追加投资对老旧或破败设施进行更新改造。要是国内的投资回报比不上投资海外，他们就会把资金投向海外；如果投资人找不到高回报、低风险的投资项目，他们就干脆暂停投资。

因此，劳动剥削资本只能是暂时现象。这一过程很快就会结束。实际上，它的结束并不会像我们假设性的说明那样结束，而是令所有的边际公司破产出局，令失业率升高，迫使工资和利润重新调整，直到正常（或者非正常）的获利预期重现，就业和生产得以恢复。但在此期间，由于劳动剥削资本，失业增加和生产减少，每个人都变得更穷。尽管劳动者收入占国民收入的相对比率会一度提高，但整个国民收入的绝对数量却不如从前，所以在这段很短的时期，劳工的相对获益只能说是得不偿失的皮洛士式胜利，这可能意味着全体劳工总的实质购买力也在下降。

4

因此，我们得出结论：工会可能在一段时间内为会员争取到货币工资调增（雇主为此牺牲一部分利益，非工会劳工则牺牲更多），然而工会却根本没有办法长期为全体劳工提高实质工资。

认为工会可以做到这点是由于一系列错觉。其中之一是“随之故由之”的巧合谬论，他们认为过去半个世纪以来，工资大幅升高应该归功于工会，因为在此期间，工会不断成长壮大。其实工资上涨的主要原因是资本投资的增长和科技的进步。但是造成错觉的根本谬误还是在于，只考虑工会要求提高工资之后，特定受聘劳工短期内受到的影响，却没有去追踪工资上涨对所有劳工

（包括迫使工资调增的劳工）的就业，以及对生产和生活费用所造成的影响。

我们或许可以从这个结论出发，进一步对工会提出质疑：从长期来说，工会是否阻碍了全体劳工的实质工资上升到应该达到的水平。如果工会造成的总体影响是降低了劳动生产率，那么工会肯定是阻碍工资上涨，甚至是降低劳工工资的一股力量，我们可以问问工会是否是这样。

谈到生产力，一些工会政策还是可圈可点的。在一些行业中，工会坚持订立标准，帮助劳工提升专业技能。在其早期历史中，工会采取了许多措施来保护会员的健康。在劳动力充足的行业，个别雇主为了短期利益，不断要求员工进行高强度、长时间工作，而不管这样做对工人健康是否有伤害，因为雇主可以随时换人。有时，无知短见的雇主让员工操劳过度造成伤病，从而导致雇主损失了不少利润。针对所有这些情况，工会通过订立合适的标准，常常能够改善会员的健康和其他福利，同时使他们的实质工资得以提高。

但是近年来，随着工会权力的增长，以及民众的同情用错了地方，工会的一些反社会的做法被民众容忍或支持，工会的行为已经超出了合理的范围。每周的工作时间从 70 小时减少到 60 小时，不仅对保障劳工的健康和福利有益，长期来看对提高生产效率也有帮助。每周工作时间从 60 小时减为 48 小时，对劳工的健康和休闲生活进一步给予了帮助。再从 48 小时减为 44 小时，对劳工的休闲生活有好处，却不一定对其生产和收入有好处。每周的工作时数缩减为 40 小时，对劳工的健康和休闲生活不见得增加多少好处，而其产出和收入将明显减少。但是现在工会却在谈论每周工作 35 小时和 30 小时的可能性，有的甚至已经开始付诸实施，并且否认这会减少劳工产出和收入。

削减每周工时并不是唯一妨碍生产力增长的工会政策。事实上，这是伤害最小的一种工会政策，至少由此而产生的得失一目了然。许多工会坚持实施僵化的细化分工制度，不仅导致生产成本上升，而且引发代价高昂且荒谬的“地盘”之争。它们反对按工人的产出和效率来支付工资，坚持要求所有的会员小时工资标准要一致，而不管劳动生产率的差别。它们坚持论资排辈进行职务升迁，而不是以业绩为依据。它们刻意怠工，以对抗“鞭打快牛”。它们谴责那些劳动产出超过其他同事的员工，要雇主解雇他们，甚至殴打他们以泄愤。它们反对引进和改良机器，它们要挟雇主说，如有任何会员因为采用效率更高或更省力的机器而遭到解雇，这些被解雇的会员就应当无限期地领取“保障收入”。它们坚持依照“制造工作机会”的规则行事，要求用更多的人力和时间去完成指派的工作。他们甚至以搞垮雇主相威胁强迫其留用根本不需要的员工。

工会之所以采取这些政策大多是基于一个假设：世界上可做

的工作是有限的。这就好比数额有限的“工作基金”，必须分摊给尽可能多的人去用，分散到更长的时间内去用，以避免“工作基金”用得太快。这个假设荒谬绝伦。能做的工作数量其实是没有限度的。工作会创造出工作，A 生产的产品会对 B 生产的产品形成需求。

由于这个错误的假设，由于工会的政策建立在这个错误的假设之上，工会造成的净影响是导致生产力下降到低于本来应有的水平。长期来说，用能买到的东西来衡量，工会的确阻碍了全体劳工的实质工资上升到应该达到的水平。他们完全忽视了 20 世纪实质工资大幅上涨的真正原因是资本累积和由此带来的科技进步。

但是这一进程不会自动进行。事实上，在过去 10 年中，不良的工会政策及不良的政府政策已使这一进程出现停滞。请看私营部门中非农业产业工人每周的平均总收入，账面数字的确从 1968 年的 107.73 美元上涨到 1977 年 8 月的 189.36 美元。如果我们考虑消费者物价的涨幅，把劳动统计局的通货膨胀因素加上，将劳工的收入换算为 1967 年底的币值，那么他们每周的实际收入从 1968 年的 103.39 美元下降到了 1977 年 8 月的 103.36 美元。

实质工资涨幅停顿并不是工会本身的性质造成的，而是缘于目光短浅的工会政策和政府政策。现在要改变它们还来得及。

第 21 章 “有足够的钱买回商品”

1

业余的经济学作家总是呼吁订立出“公平”价格和“公平”工资。这些有关经济公平的含混概念是从中世纪流传下来的。古典经济学家则提出了不同概念——功能性价格和功能性工资。功能性价格是指能够鼓励最大产量和最大销售量的价格。功能性工资是指能带来最大就业量和最高实质总薪资的工资。

功能性工资的概念被购买力学派以歪曲的形式接受。他们不再停留在关心目前的工资是否“公平”这样的天真问题上，他们真正关心的问题在于目前的工资能否可行。他们告诉我们，唯一能够防止经济立即崩溃的工资要能让劳工“买回他们所生产的产品”。购买力学派将以往的每一次经济萧条归咎于此前没能支付这种可行的工资。并且不论什么时候，他们都认定工资还没有高到足以买回产品的地步。

这种学说在工会领袖手里被证明特别有效。他们深知自己没有能力去激发民众的利他心理，也没有能力去说服雇主这类“邪恶的”人“公平”对待劳工，他们抓住刻意迎合民众的自利动机的这种主张，通过危言耸听使雇主接受工会调增工资的要求。

但是，我们怎么才能准确地知道什么时候劳工真的“有足够的钱买回产品”？或者什么时候超过这一标准？我们怎么才能确定这个标准？这一学说的拥护者似乎没去想过为我们解答这些问题，因此我们只好试着自己来寻找答案。

一些支持者的言辞似乎在暗示，每个行业的劳工领取的工资，都应该足够买回他们所生产的特定产品。但他们的意思肯定不是指，生产廉价服装的劳工的应得工资要够他们买回廉价服装，而生产貂皮大衣的劳工的应得工资要够他们买回貂皮大衣；福特汽车厂劳工的应得工资要能买回福特汽车，凯迪拉克汽车厂劳工的应得工资要能买回凯迪拉克轿车。

不过，回顾一下20世纪40年代汽车工会的情形，我们或许可以从中得到启发。当时汽车工会大部分会员的收入已经跻身全美国收入最高的三分之一人口，根据官方数字，他们的周薪已经比制造业平均周薪水平高出20%，几乎是零售业平均工资的两倍。他们却要求进一步调资30%。工会发言人表示，只有这样才能“提升我们正在迅速萎缩的购买自家产品的能力”。

既然这么说，那制造业劳工和零售业劳工的平均工资应该涨多少呢？如果在这种情况之下，汽车业劳工需要调资 30%，才能阻止不景气，其他行业的劳工仅仅调资 30% 就够了吗？或者他们是否需要把工资调高 55%~160% 来使平均每人的购买力与汽车业劳工具有的购买力相当？我们要记住，现在和以前一样，不同行业的平均工资水平存在着很大的差异。1976 年，零售业劳工的平均工资每周只有 113.96 美元，全体制造业劳工的平均收入为 207.60 美元，承包工程的建筑业劳工周薪为 284.93 美元。

如果工会内部的工资谈判史可资借鉴的话，我们可以肯定，要是有人提出后一种建议（其他行业的工会要求大幅调高工资至汽车工人的工资水平），汽车工人肯定坚持维持目前的工资差距。因为除去极少数慈善家和圣人，工会会员和其余人对经济平等的热情意味着他们希望能赶上比自己经济条件更好的人，而不是希望把自己已有的全部条件给予不如自己的人。不过，我们现在不去关心这种人性上的劣根性，我们现在所关心的，是特定经济理论是否合乎逻辑和具有合理性。

2

劳工应当获得足够买回产品的工资的说法，只是一般“购买力”论调的一种特殊形式。认为劳工的工资就是劳工的购买力，这种认识倒也没错。但是每个人的收入——杂货店老板、房东、雇主——是他用于购买别人所售产品的购买力，这种说法也没有错。对于那些为商品寻找买主的人来说，最重要的事情之一是他们所能提供的劳动服务。

而且，上述所有这些，都可以反着说。在商品交换经济中，每个人的货币所得就是其他某个人的成本。小时工资每次调升，都会使产品成本上升，除非或直到能从每小时生产力的等量增长中得到弥补。如果政府管制价格，禁止产品涨价，生产成本的增高就会降低利润，迫使边际生产者破产倒闭，这将意味着生产萎缩、失业增加。即使价格可以调高，但调高的价格会使买方望而却步，市场会因此萎缩，同样会增加失业。如果所有劳工的小时工资调高 30%，使得物价上涨 30%，那么劳工能购买到的产品不会比从前多，经济运转就像旋转木马那样转回原地，然后又从头开始。

毫无疑问，很多人会质疑工资上涨 30% 会使物价出现等比例涨幅的说法。的确，这种结果是建立在长期的基础上，并且是在货币和信贷政策允许的前提下。如果货币和信贷缺乏弹性，当工资被强行提高时（即超过劳动生产率的增加），货币和信贷并没有增加，那么工资率上升的主要影响将是失业率上升。

在这种情况下，总工资都可能低于从前，从货币金额和实质购买力来看都是如此。就业率降低（工会的政策造成的，不是科技进步转型造成的）必然意味着人均拥有的产品数量减少。

即使从业人员占有的产品相对增加，也不可能弥补产量绝对值减少的损失。美国的保罗·道格拉斯（Paul H. Douglas）通过分析大量的统计数字，英国的庇古（A. C. Pigou）通过纯理论推导，竟然各自得出十分相似的结论——劳动力的需求弹性介于 3 和 4 之间。通俗地说，这表示“实质工资率每下降 1%，将使对劳动力的总体需求至少上升 3%”。[①] 换句话说就是，“如果工资被推升到高于边际生产力那一点，那么就业率的减幅通常是每小时工资率增幅的 3~4 倍”。[②] 所以，劳工的总收入肯定会相应减少。

尽管这些数字只代表过去某个历史时期劳动力的需求弹性，不见得一定能够估计未来，但还是很值得我们深思的。

3

现在让我们假设工资率上涨的同时货币和信贷也出现了相应的涨幅，那么工资率上涨不会产生严重的失业。如果我们假设调资前工资与物价之间的关系处于“正常”的长期关系，那么工资率调增 30% 终将导致物价上升大致相同的百分比。

认为价格涨幅会远小于工资涨幅的看法源于两种谬误。第

① 庇古，《失业理论》（*The Theory of Unemployment*），1933，第 96 页。

② 道格拉斯，《工资理论》（*The Theory of Wages*），1934，第 501 页。

一种是只看某一特定公司或某一特定行业的直接人工成本，并认为它们代表了所有的人工成本。这犯了用部分取代整体的低级错误。每个“行业”不仅是不同产品线之间“横向”生产过程的一个部分，而且是同一产品线上“纵向”生产过程的一个部分。以汽车装配为例，汽车工厂生产汽车的直接人工成本，可能不到总成本的1/3，有些人据此轻率地下结论说，工资增加30%，汽车价格只会上涨10%或更少。但是他们忽略了原材料和外购零部件、运费、新厂房或新设备、经销商加成等方面的间接工资成本。

政府的估计数字显示，从1929年到1943年这15年间，美国的薪资收入平均占国民收入的69%。从1956年到1960年这5年间，这个比重同样是69%。从1972年到1976年的5年里，工资收入平均占国民收入的66%，再加上一些额外的补贴等，员工的总收入平均占国民收入的76%。这些工资薪金当然必须用国民产值去支付。现在我们要据此合理地估计“劳工”的收入，虽然需要在这些数字上进行增减，我们还是可以假设：人工成本应该不低于总生产成本的三分之二左右，甚至超过四分之三（取决于我们如何去定义劳工）。我们取其中较低的估计值，并且假设以美元计算的利润率不变，那么工资成本若全面升高30%，价格显然会上涨20%左右。

但是这种变化将意味着投资人、经营者和个体工商户收入所对应的以美元计算的利润率只相当于从前购买力的 84%（举例来说）。这种状况的长期影响是导致投资和创业达不到原本应有的水准，低端个体户转而成为高级打工者，直到先前的工资与物价的关系大致恢复如初。以上我们只不过在用另一种表达方式说明在假设的状况下，工资上升 30%，最后也会使价格上涨 30%。

这并不等于说工薪族得不到相对利益。在过渡期间，他们会相对获利，其他人则会承受相对损失。但是这种相对获利不可能转化为绝对获利。因为我们讨论的这种成本相对于价格的关系发生变化后必定会引起失业，会引起生产失衡、停产或减产。因此，在经济调整到新均衡状态的过渡期间，劳工虽然可能从更小的蛋糕中分得一大块，但是和以前从更大的蛋糕中分得一小块相比，现在的一块是不是比以前那一块大，就值得怀疑了。

4

这就将我们带入经济均衡的一般意义和影响的问题。均衡工资和价格是指使供给和需求均衡时的工资和价格。如果通过政府或私人强行将价格提升到高于它们的均衡水平，需求将下降，从而导致生产萎缩。如果强行将价格压到低于它们的均衡水平，随之而来的利润下降或消失将意味着供应滑落或生产缩减。所以，任何迫使价格高于或低于均衡水平（自由市场总是倾向于使之趋于这个水平）的企图，都将导致就业率和生产量缩减到低于它们应有的水准。

现在，让我们再来看看劳工必须“有足够的钱买回产品”这种学说。显然，国民产值既不是由制造业劳工单独创造，也不是只由他们来购买的。每个人——公司白领、专业人员、农民、大小雇主、投资人、杂货店主、肉贩、小药房老板、加油站老板——都会购买产品，简而言之，每个对产品的生产有贡献的人都会买。

能决定产品分配的是价格、工资和利润这三个因素。最好的价格并非最高价格，而是能促成最大产量和最大销售量的价格。最好的工资率也不是最高的工资率，而是能达到充分生产、充分就业和最大的持久稳定总工资的工资率。不论从业界还是从劳工的角度来看，最好的利润不是指最低的利润，而是能够鼓励更多人投资、创业，更多人成为雇主，或能提供更多就业机会的利润。

如果我们想使经济运转只为某个群体或某个阶层利益服务，最后一定会伤害或损毁所有人的利益，包括我们原本想要照顾其利益的那些人。经济必须为每一个人的经济利益运转而服务。

第 22 章　利润的功能

很多人一提到利润这个词就会表示愤慨，这也恰恰表明其对利润在经济中所起的重要功能了解得还很不够。为了增进理解，我们将再次探讨第 15 章所介绍的价格体系，不过我们将从另一个不同的角度审视该主题。

实际上，利润在整个经济中所占的比例并不大。这里用一些统计数字来说明。从 1929 年到 1943 年这 15 年间，美国注册企业的净利润占国民收入的比率，平均低于 5%。从 1956 年到 1960 年这 5 年间，公司的税后利润占国民收入的比率，年均低于 6%。从 1971 年到 1975 年这 5 年间，这个比率年平均也低于 6%（尽管事实上，由于通货膨胀因素，会计调整不够充分，这些数据可能被夸大）。然而利润却是最招致敌意的一种收入。我们用奸商（profiteer）一词，贬斥那些获取可疑暴利的人，但是找不到“奸工”（wageer）或“奸亏”（losseer）等名词。不过，理发店老板的平均利润，不仅远不如电影明星的片酬或者钢铁公司外聘主管的薪酬，甚至可能不如技术工人的平均工资。

这一主题充斥着各式各样的事实性误解。世界上最大的工业企业通用汽车，其盈余算下来也只能算平常。很少有人关注过企业的倒闭率。他们不知道，"如果参照过去 50 年的企业经营经验，那么今天开杂货店，每 10 家平均会有 7 家左右活到了第二年；可能只有 4 家能活到四周年店庆"［摘自美国临时经济委员会的研究报告］。他们不知道，从 1930 年到 1938 年的每年所得税统计数字显示，亏损企业的数量年年超过盈利企业的数量。

那么，平均利润到底能有多少呢？

对这个问题的回答，通常是用上面所引用的那类数字，即公司的利润平均不足国民收入的 6%，或者回答说制造业公司每创造 1 美元的营业额，自己留下的平均税后利润不到 5 美分（举例来说，从 1971 年到 1975 年这 5 年间，这个数字只有 4.6 美分）。虽然这些官方数字来自企业数据，但它们是用传统会计方法核算出来的，只适用于企业业绩。没有一种可靠的估计值去考虑所有的经济行为，去考虑所有注册企业和未注册的企业，去考虑景气好与坏的各个年头。不过，一些知名经济学家相信，长期来看，要是把所有的损失考虑进去，把已投资资本的最低"无风险"利息考虑进去，把经营自家企业的人所提供劳务折算成"合理"的工资价值也考虑进去，企业很可能毫无净利润可言，甚至会是净亏损。这根本不是因为创业家们（自行经营企业的人）是国际慈善家，而是因为他们的乐观和自信往往导致他们陷入到了不会成功或无法成功的事业之中。[①]

有一点很清楚，不管在何种情况下，任何人投资时不仅要承受赚不到任何回报的风险，而且还得面对血本无归的可能性。以前，一些特殊企业或行业的高利润，一直是人们不惜冒险的激励因素。但如果最高利润只能有比如说 10%，而亏本的风险统统由投资者自己承担，那么创业家的牟利动机会受到什么样的影响呢？就业和生产又会受到什么样的影响呢？第二次世界大战期间开征的超额利润税已经表明，这种限制会伤及效率，即便短期实施也不例外。

然而，如今几乎所有地方的政府政策往往认为，无论采取什么样的抑制举措，生产都会自动进行。当今全世界生产所承受的最大风险之一仍然是来自于政府的价格管制政策。这些政策不仅通过打击生产积极性使商品一个个相继停产，而且会阻碍生产与消费者的实际需求达成平衡。经济自由运转时，需求的作用会使一些生产领域出现政府官员所说的“超额利润”、“不合理利润”，甚至“无耻暴利”。但正是追逐利润的事实在促使每家公司去实现获利产品生产最大化，促使它们用利润再投资，添置更多的设

① 可参阅弗兰克·奈特（Frank H. Knight）的《风险、不确定性和利润》（*Risk，Uncertainty and Profit*）。对于研究存在净资本累积的任何期间，必须假定以往的投资在整体上是盈利的。

备，雇用更多的员工，还会从其他地方吸引来新的投资人和生产者，直至那种产品的生产足以满足需求，该产品的利润又回落到平均水平为止。

在工资、成本、价格被允许在竞争市场上自由浮动的自由经济中，获利的前景决定了生产什么、不生产什么，以及生产多少。如果生产某种产品毫无利润可言，那就表明不应该再把人力和资本投入到生产那种产品中，因为用于生产该种产品的各种要素的价值势必高于产品本身的价值。

总而言之，利润的一大功能是引导生产要素的流向，依照需求来配置各种不同商品的相对产出。任何一位政府官员，不论他有多英明，都无法以硬性手段解决这个问题。自由价格和自由利润会比任何其他体系都更迅速地促成生产最大化，缓解供不应求。硬性管制价格和硬性管制利润，只会使供不应求的局面拖延更久，并使生产和就业下滑。

最后，利润的功能是对每一家参与竞争的企业持续不断地施加压力，不论这些企业目前处于什么水平，都必须进一步改善经济效益和效率。情况好的时候，改善经营可以提高利润；情况一般的时候，提升效率能够领先竞争对手；情况不好时，不这么做恐怕就无法生存。利润有可能降为零，也有可能迅速转为亏损。平时稍作改进也不至于至后来需要付出更大的努力才能得以幸免。

与普通人的想法相反，利润的实现不是靠提高价格，而是靠可以降低生产成本的经济效益和效率。同一行业的每一家公司都赚钱的情况很少见（长期如此是绝不可能，除非那个行业是独家经营）。对于相同的商品或服务，每一家公司的要价必定相同；那些要价过高的公司，其产品将无人问津。因此，生产成本最低的公司取得的利润率最高。在获利公司继续扩张的同时，也会使效率差成本高的公司利润降低。这种结果也正是消费者和公众所需要的。

简言之，利润来自成本和价格之间的关系，它不仅告诉我们生产何种产品最经济，而且告诉我们哪种生产方式最经济。对于这些问题，不管是社会主义还是资本主义体系同样都必须作出回答；任何可能的经济体系也必须作出回答；对于绝大多数生产出来的商品和服务而言，用自由竞争企业的损益指标来作为这些问题的答案是再恰当不过的了。

以上我把重点放在降低生产成本的趋势上，因为这是利润（损益）最不为人所知的一种功能。当然，生产出更好产品的人以及生产效率更高的人，肯定能获得更高的利润。而利润在回报、在激励高品质与创新方面的功能一直以来都得到了认可。

第 23 章　通货膨胀的幻景

1

我发现有必要时时提醒读者注意，特定的政策只有在“不存在通货膨胀”时，才会必然带来特定的结果。在公共工程和信贷的章节中，我说过将通货膨胀会引发的复杂状况挪到后面来讨论。不过，货币与货币政策联系非常紧密，以至于在每一种经济过程中都很难分开。即便是为了简化阐述，要将二者分开也是很困难的事，甚至根本分不开。并且，在探讨政府或工会的各种工资政策对就业、利润和生产的影响时，我们只有把不同的货币政策产生的若干影响立即考虑进去才讲得通。

在考虑某些特定情况下通货膨胀产生的影响之前，我们应该先考虑通货膨胀所带来的一般性影响。而在此之前，似乎更应该先问：为什么不断有人采取通货膨胀政策；为什么自古以来它就备受青睐；为什么它那虚幻不实的论调诱惑一个又一个国家走上经济灾难的不归路。

通货膨胀之所以吸引人，最明显、最古老、最顽固的错误在于它把“金钱”和“财富”混为一谈。亚当·斯密在两个多世纪前曾经写道：“财富由货币或金银构成这一通常流行的见解，是自然而然地因货币有两重作用而产生的。货币是交易的媒介，又是价值的尺度……发财等于是有了货币。总之，按照通俗的说法，财富与货币，无论从哪一点看来，都是同义语。”

真正的财富，当然存在于生产出来的东西和供人们消费的东西之中：我们吃的食物、穿的衣服、住的房子；铁路、公路和车辆；轮船、飞机和工厂；学校、教堂和剧院；钢琴、绘画和书籍。但是财富与金钱之间的含糊表达仍然势力强大，连那些曾意识到这种错误的人，在推理的过程中，还是把二者再度混淆。每个人都明白，如果自己能够更有钱，就能买到更多的东西。若手里的钱是先前的两倍，就能买到两倍的东西；有三倍的钱，就会比先前“富有”三倍。对于许多人来说，结论再清楚不过：只要政府发行更多的货币，并且分配给每一个人，我们就将变得更加富有。

这种人是最幼稚的通货膨胀支持者。还有另外一种不那么幼稚的人，他们知道，要是整件事有那么简单，那么政府只要印钞票就可以解决我们所有的问题了。他们意识到这么干必有陷阱，所以他们希望通过某种方式限制政府发行新增货币的数量。将其限制在刚好足够弥补所谓的“不足”或“缺口”就可以了。

他们认为，购买力长期不足，是因为产业并没有分配足够的钱给生产者，让他们无法以消费者的身份，买回自己生产的产品。一定有某个地方出现了神秘的“漏洞”。有一群人用数学方程来“证明”这件事。在方程式的一边，他们对某个项只计数一次，而在方程式的另一边，他们却不知不觉地把同样的项重复计数了好几次。于是这在他们称之为“付款款项 A”和他们所说的“付款款项 A+B”之间，制造出令人恐慌的缺口。所以他们道貌岸然，四处为他们的发现进行游说，坚持政府应该发行货币或“信用”，以弥补失落的付款款项 B。

这些更为幼稚的“社会信用”宣传家看似荒谬可笑，但是比他们好不了多少的通货膨胀支持者却大有人在，他们提出一些“科学”计划，能够发行刚好足够的额外货币或信用，弥补所谓的长期或定期发生的不足或缺口，而缺口的数值，是他们用另外的方式计算出来的。

2

更为聪明的通货膨胀支持者意识到货币的大幅增加将使单位货币的购买力下降——换句话说，将会导致物价上涨。但这并未影响他们对通货膨胀的支持。相反，这正是他们需要通货膨胀的理由。其中一些人认为，通货膨胀所导致的结果会改善贫穷债务人相对于富裕债权人的地位。另外一些人认为，这可以刺激出口并抑制进口。还有一些人相信，要整治经济萧条、“让产业经济复苏”，以及达到“充分就业”，通货膨胀都是一项必要的措施。①

有关增发货币（包括增发银行信贷）如何影响价格的理论不计其数。一方面，就像我们刚刚谈过的，有人认为无论增发多少货币都不会影响价格。他们仅仅把增加的货币看作是提高每个人“购买力”的一种手段，使每个人都能买到比以前更多的东西。他们要么是从未停下来提醒自己：不可能所有人都能买到比从前多两倍的东西，除非生产出来的东西比从前多两倍，要么在设想阻碍生产长期增长的唯一因素是货币需求不足，而不是人力、工时或产能不足，他们认为，如果人们想要某些商品，只要付得起钱，那些商品就会自动生产出来。

另一方面，另外一群人（其中不乏一些著名的经济学家）则抱定僵化的机械论去考察货币供应量对商品价格的影响。在他们看来，一个国家的所有货币是相对于所有的产品而发行的。因此，货币总量的价值乘以它的“流通速度”，一定等于交易商品总量的价值。所以，只要流通速度不变，单位货币的价值恰好与

---

① 本质上说，这是凯恩斯学派的基本理论。对于这个理论，本书作者在《“新经济学”的失败》（*The Failure of the“New Economics”*）中详细分析过。

投入流通的货币数量成反比。货币和银行信贷的投放量翻一番，“价格水平”就会翻一番；增为三倍的话，价格水平也刚好增为三倍。总之，货币数量增加几倍，商品的价格也将提高几倍。

由于篇幅关系，我们无法在这里一一剖析这种看似有理的说法的荒谬之处。[①]不过，我们应该弄清楚，货币数量增加为什么会使价格提高，又是如何使价格提高的。

货币数量的增加一定有其具体的原因。比如说，它是由于政府的支出超出了税收能够负担或者可望负担的水平（或者假定也超过了人们拿实际储蓄购买的国债销量）。再比如说战争时期，政府印制钞票来支付契约承包商。这笔支出首先会抬高战时所用物资的价格，大量钞票因此流入到战时承包商和他们员工的手里。（在价格管制那一章，我们为简便起见没有考虑通货膨胀。现在讨论通货膨胀，我们同样忽略了政府试图管制价格造成的复杂状况。即使都考虑进来，也不会改变分析的结果。价格管制会导致某种“堵塞”或“受压抑”的通货膨胀，其结果是减小或掩盖对经济运行的前提影响，但这是以更加恶化的后期影响为代价的。）

---

① 对其分析有兴趣的读者，请参考安德森（B. M. Anderson）的《货币的价值》（*The Value of Money*）；米塞斯的《货币与信用理论》（*The Theory of Money and Credit*）；也请参考本书作者的《通货膨胀危机及其解决之道》（*The Inflation Crisis and How to Resolve It*）。

这么一来，战时承包商和他们的员工便得到更高的货币收入。他们会把这些钱拿去买自己想要的商品和服务。为他们提供产品和服务的商家，因为需求增加了，可以大幅度抬高价格。因为这些买主口袋里有很多钱，他们不在乎价格，而在乎自己想要什么就必须要得到什么。在这些人眼里，每一元钱的主观价值已经降低了。

我们把战时承包商和他们的员工称作 A 群体，把直接向 A 群体提供产品和服务的商家及其员工称作 B 群体。现在，B 群体由于销量和价格大幅提高，会向 C 群体购买更多的产品和服务。C 群体同样得以提高价格，获得更多收入，进而向 D 群体购买产品和服务。以此类推，直到价格上涨和货币收入增加覆盖整个国家。这个过程完成之后，几乎每个人的货币收入都有所增加。但是（假设产品和服务的生产并没有增加），产品和服务的价格也会相应上涨。整个国家并不比以前富有。

然而，这并不意味着每个人的相对或绝对财富及收入会和以前一样。相反，通货膨胀是一种不公平的过程，它会对不同群体的命运造成不同的影响，而最先获得新增货币的群体获利最大。例如，A 群体的货币收入会在价格上涨之前增加，因此他们能买到的商品数量是涨价后的数倍。B 群体的货币收入会在价格刚开始上涨时增加，因此 B 群体能买到的商品数量还是会增加的。然而，与此同时，货币收入还没有增加的群体，不得不以较高的价格来购买他们想要的东西。这意味着他们的生活水平比以前更差。

我们可以用一组假设性的数字来阐明这一过程。假设我们把整个社会分成A、B、C、D四大类生产者，他们按顺序获得通货膨胀的货币收入利益。在A群体的货币收入已经增加30%的时候，他们所购买的商品价格还未上涨。到B群体的货币收入增加20%时，物价平均上涨仅为10%。但是当C群体的货币收入增加10%时，价格已经上涨了15%。当D群体还没有等到货币收入增加时，他们所购买产品的平均价格已经上涨了20%。换句话说，货币收入在通胀前期增加的几类生产者，会由于通货膨胀带来的价格或工资上涨而获益，但是货币收入在通胀后期才得以增加的几类生产者，则必然在通货膨胀的过程中蒙受损失。

假设几年后通货膨胀暂时停止，最终结果是货币收入平均增加25%，价格平均涨幅也相同，每个群体的货币收入都增加了这么多，每个群体所生产的产品都上涨了这么多。但是，这并不能掩盖过渡期间各个群体的获利和损失。以D群体为例，尽管最终该群体的收入和产品价格也上升了25%，而他们能买到的商品和服务也只是和通货膨胀开始前完全相同。但在该群体的收入和产品价格还没有上涨的那段时间，该群体不得不多花30%的钱向A、B、C等其他的生产群体购买产品和服务，他们的这些损失将永远得不到补偿。

3

因此，通货膨胀只不过是我们核心课程中的又一例子。它或许能在短时间内给优势群体带来利益，但这一定会以牺牲其他群体的利益为代价。而且就长期而言，它会给整个社会造成灾难性后果。即使相当轻微的通货膨胀，也会扭曲生产结构。它会导致一些产业过度扩张，迫使其他产业萎缩萧条，以此导致资本的错用和浪费。当通货膨胀停止或减弱时，那些被误导的资本投入（形式可能是机器、工厂或写字楼）不但不可能产生足够的回报，反而还很有可能损失大部分的价值。

我们不可能引导通货膨胀平缓温和地结束，我们也无法扭转随之而来的经济萧条。通货膨胀一旦启动便不受控制，甚至不可能在预先设定的时点，或在价格上涨到预先设定的水平时让通货膨胀暂停，因为政治和经济势力已失控。当有人主张让价格上涨并固定在 25% 最好，就有人会进一步主张价格上涨 50% 带来的好处会翻番，更有人坚持价格上涨 100% 的好处将是原来的 4 倍。那些能从通货膨胀中获得利益的政治集团，必然坚持继续维持通货膨胀。

此外，我们不可能控制通货膨胀情形下的货币价值。前面谈过，货币价值绝不是靠机械推导能得出的。比方说，你不可能事先计算出，货币数量增加 100%，则单位货币价值下跌 50%。我们也说过，货币的价值是由持有者的主观价值认定的。而价值的认定，不仅取决于每个人持有的量，而且也取决于货币的质。战争的胜败将决定参战国汇率的涨跌，这与货币的数量关系不大。货币的当前价值往往取决于人们对未来的货币数量的预期。还有，每个人对货币价值的认定，正如对待投机性交易中的期货商品一样，除受自身影响外，还不可避免地会参考其他人对货币价值的认定。

所有这些，可以解释为什么恶性通货膨胀一旦发生，单位货币价值下跌的速度将远远超过货币数量正在增加或者能够增加的速度。到了这个地步，通胀计划离灭顶之灾也就不远了，通常就此宣告破产。

4

然而，人们对通货膨胀的热情从未逝去。似乎没有哪个国家能以别国的失败为前车之鉴，也没有哪代人能从前人的苦难中吸取教训。每一个国家，每一代人，都沉迷于相同的幻景。每次都伸手去摘“死海之果”（Dead Sea fruit），结果是这种果实往往一到嘴里便化为一团灰烬。通货膨胀的特质让人们产生出千百种错觉。

现如今，主张实施通货膨胀最顽固的一种论调，是认为它能

“使产业之轮运转起来”，能把我们从产业停滞和资产闲置的白白损失中拯救出来，进而带来“充分就业”。归根结底这套说法仍旧是一如既往地混淆了金钱与财富。它假设通货膨胀能带来新的“购买力”，而且新购买力产生的影响会向外扩散，犹如投入池塘的石头所激起的层层涟漪。但是我们已经知道，对产品的实际购买力是由其他许多产品组成的，它不可能只靠印刷更多我们称之为美元的纸张就能神奇地被提高。交换经济的基本运作方式是 A 拿自己生产的东西，去交换 B 生产的东西。①

通货膨胀的真正作用是改变价格和成本之间的关系。它所带来的最大改变，是提高相对于工资率的商品价格，借此来恢复价格和生产成本之间可以持续长久的关系，进而恢复经营利润，盘活闲置资源以鼓励恢复生产。

整个事情已经十分明了：把难以为继的工资率降低，是更直接和更诚实的做法。但是久经世故的通货膨胀支持者声称这种做法在政治上行不通。有时候他们更进一步，指控那些通过直接调降工资率来降低失业率的提案为“反劳工”。但是他们本身提出

---

① 参阅穆勒的《政治经济学原理》(*Principles of Political Economy*)；马歇尔（Marshall）的《经济学原理》(*Principles of Economics*)；安德森的《反驳凯恩斯对总体供给创造总体需求学说的抨击》(*A Refutation of Keynes' Attack on the Doctrine that Aggregate Supply Creates Aggregate Demand*)，该文刊于经济学家论文集《资助美国繁荣》(*Financing American Prosperity*)。也请参阅由本书作者主编的论文集《对凯恩斯经济学的批判》(*The Critics of Keynesian Economics*)。

的计划说直白点就是在欺瞒劳工，也就是通过价格上涨来降低劳工的实质工资率（即以实际购买力表示的工资率）。

他们忘了劳工们也是经过千锤百炼的。大工会都聘有谙熟各种指数的劳动经济学家，所以劳工不容易被蒙骗。因此在当前的情况下，通货膨胀政策似乎既无法达到其经济目标，也无法实现其政治目的。恰恰是最有可能需要矫正工资率的那些最强势的工会，它们将会坚持其工资率至少要依照生活费用的增幅成比例调升。如果各大工会都这样执意要求，那么价格和重要工资率之间不合理的关系就会继续存在。事实上，工资率的结构甚至可能更加扭曲。因为众多没有参加工会的工人，他们的工资率在通货膨胀之前本来就不高（甚至可能因为遭受工会排挤而被压得过低），而在物价上涨的过渡期间，他们的处境将进一步恶化。

5

总之，这些老练的通货膨胀支持者一点儿都不诚实。他们并没有开诚布公地阐明自己的理由，到头来甚至把自己也愚弄了。他们也开始大谈钞票，好像它本身就是一种财富，这就跟那些妄想靠印钞创造财富的幼稚的通货膨胀论者没有两样了。他们甚至努力去论证一种“乘数”，来证明政府每印制和开销一元钱，整个国家的财富就会很神奇地增加好几元钱。

简单来说，他们使公众和自己的注意力从经济萧条的真正原因上移开了。大多数时候，萧条的真正原因是工资—成本—价格结构失调：工资与价格失调、原材料价格与产成品价格失调、价格之间彼此失调、工资之间彼此失调。在达到一定程度后，这些失调消除了生产的动机，甚至使得生产无法继续，并通过交换经济的有机关联，使这种不景气向外扩散。一直要到这些失调被矫正，充分生产和充分就业才会恢复。

是的，通货膨胀有时的确可以起到矫正这些失调的作用，但这是一种轻率而危险的手段。这种矫正手段靠的是错觉，而不是开诚布公。通货膨胀的确给每一种经济过程罩上了一层迷惑人的面纱，欺骗了几乎所有人，包括那些深受其害的人。我们都习惯于用金钱来衡量自己的收入和财富。这种心理惯性十分强烈，就连专业的经济学家和统计学家也不容易摆脱它。坚持从实体产品和实质福利的角度来看待它们之间的各种关系很不容易。当我们听到，国民收入（以货币计量）比通货膨胀之前增加了一倍，谁不会觉得更富有、更骄傲呢？原先周薪 75 美元的小职员，现在能拿 120 美元，他也会觉得比以前更富裕。他当然能感觉到生活费用涨得厉害，但是他并没有充分认清自己的真实处境。虽然同样是实际购买力降低，他无法接受生活费用不变而工资调减的事实，但是他会欣然接受工资调增而生活费用上涨的事实。通货膨胀犹如自我暗示、催眠术、麻醉剂，可以减轻手术时的痛苦。通货膨胀就是人们的鸦片。

6

这正是通货膨胀的政治功能。因为通货膨胀能混淆所有事情，所以一直被当今的“计划经济”政府所采用。例如我们在第4章谈到，公共工程必定会创造新的就业机会这种说法是错的。我们说过，如果投入公共建设的钱是靠税收筹集而来的，那么政府在公共工程上多花一元钱，供纳税人自己支配的钱就会减少一元钱；公共工程每创造一个工作机会，就会毁掉一个私营部门的工作机会。

但是如果公共工程的支出不是靠税收来买单呢？假设它是用赤字财政来支付的，也就是说，来自政府借债或者印制钞票。那么，上一段所说的一得一失的结果似乎就不会发生。这种公共建设工程看起来是靠“新的”购买力创造出来的。纳税人的购买力并没有被拿走。一时间整个国家似乎并未花费任何代价就得到了某些东西。

不过，按照本课的要求，我们来看看这种做法的长远影响。借的钱总归要还。政府不可能无限期地累积债务；因为这样做的话总有一天会破产，就像亚当·斯密于1776年所说的：

> 当国债积累到一定程度，我相信，就不会有完全偿清的时刻。如果说利用国家收入解脱国债的事例曾经有过，那也总是通过破产解除的。只不过有时是公开承认的破产，有时是一种假偿还而真正的破产。

但是当政府开始偿还其因公共工程累积的债务时，征收的税收必定大于财政支出。因此，它在后面毁掉的工作机会，一定比它创造的工作机会要多。过重的税负不仅会削弱购买力，而且会打击或者毁掉生产积极性，从而降低国家的总财富和总收入。

避开这种后果的唯一方法，是假设大权在握的政治人物，只在经济萧条或“通货紧缩”期间才花钱，并在经济欣欣向荣或“通货膨胀”期间赶紧把钱还清。这只是一种自欺欺人的妄想。但遗憾的是大权在握的政治家从来不这么做。此外，考虑到这种运作的政治压力，考虑到经济预测如此难以捉摸，政府不可能这么做。赤字支出一旦启动，就会产生强大的既得利益，这种利益会促使赤字支出不管何种情况都一直实施下去。

如果没有真心打算偿还累积的债务，而仅是诉诸通货膨胀，其结果就是我们前面所叙述的那样。国家作为一个整体不可能只获得而不付出。通货膨胀本身就是一种税收形式，而且可能是最恶劣的形式，支付能力最低的人，负担通常最沉重。假设通货膨胀对每个人和每样东西的影响均等（我们知道这绝不可能），那就相当于对所有商品征收单一税率的销售税，对面包、牛奶、钻石、皮衣征收的税率相同。或者，它也可以被看作是对每个人的收入征收单一税率的税，没有人能够例外。它不仅对每个人的支出征税，而且对他的存款和人寿保险也征税。事实上，这也就是单一税率的资本税，即穷人缴纳的税率和富人一样高，没有人能够例外。

但是情况可能更糟，因为我们知道，通货膨胀对每个人的影响并不是均等的。有些人所受的苦难比其他人更深重。穷人所承担的税负按百分比计算通常比富人重，因为穷人的财力不比富人，无法通过投机购买实际股权来保护自己。通货膨胀这种税不是税务稽征机关所能控制的。它无孔不入。它任意施加的税率，谁也无法事先确定。我们知道今天的税率是多少，却无法知道明天会是多少，等到明天，又不知道后天将是多少。

和所有税收的影响一样，通货膨胀也决定了个人和企业不得不服从的经济政策。它不鼓励谨慎节俭的行为，而鼓励各种挥霍、赌博及其他不计后果的浪费行为。它往往使投机比生产更有利可图。它扯裂了稳定的经济关系。它难辞其咎的不公驱使人们投向亡命的补救之法。它促使人们要求施行集权控制。最后的下场必定是痛苦不堪的幻境破灭和经济崩溃。

第24章　抨击储蓄

1

先哲早已告诉我们，储蓄是一种美德，挥霍浪费可耻。这一古老的智慧，反映了我们共同的道德判断，以及未雨绸缪的明智抉择。但是世界上总有许多挥霍成性的人，也总有许多理论家，为挥霍行为寻找合理化的借口。

古典经济学家勇于驳斥他们那个时代的种种谬论，他们认为，符合个人最佳利益的储蓄政策，也符合国家的最佳利益。他们指出，懂得长远打算的理性储蓄者，对整个社会不会有害反而有益。但当今社会，古老的节俭美德连同古典经济学家的警醒之言再次因反对节俭的新理由而受到抨击，而提倡支出的论调则蔚然成风。

为了把这个基本的问题尽可能讲清楚，我想我们最好还是从巴斯夏所举的一个经典例子开始。假设有两兄弟各继承了一笔财富，每年有 5 万美元的收益，但是其中一人挥金如土，另一人谨慎节俭。我们在这里忽略掉所得税以及两兄弟是否应该去工作赚钱，是否该把大部分钱捐给慈善机构的问题，因为这些问题和我们接下来要谈的主题无关。

哥哥阿尔文是个挥霍者，他不仅有挥霍的性情，而且有挥霍的信念。他是卡尔·罗德贝尔图斯（Karl Rodbertus）的忠实信徒。19 世纪中叶，罗德贝尔图斯宣称资本家“必须将他们赚来的钱全部用于享受和奢靡”，因为如果他们“决定节省……商品将积压，部分工人将失业”。[①] 阿尔文常出入夜总会；他小费出手十分大方；他爱讲排场，养了很多仆从；他有两名私人司机，车子买了一辆又一辆；他畜养了一批赛马；他喜欢开游艇出海；他去各地旅游；他给太太买钻石项链和毛皮大衣；他送朋友贵重却派不上用场的礼物。

为了这一切，他只好动用老本，但他义无反顾。如果节俭是一种罪恶，不节俭当然就是一种美德。再说这也是在补偿吝啬鬼弟弟本杰明由于节俭犯下的“罪行”。

阿尔文对于男女服务生、餐厅老板、皮货商、珠宝商、各类奢侈品店家来说，都是最受欢迎的人。他被视为众人的财神爷。

① 卡尔·罗德贝尔图斯，《生产过剩与恐慌》（*Overproduction and Crises*），1850，第 51 页。

大家都清楚地看到，正是他四处撒钞票，人们才有那么多工作可做。

相比之下，弟弟本杰明的人缘就差得多了。他很少光顾珠宝店、皮货店和夜总会，也不会亲昵地直呼侍者领班的名字。与阿尔文年年花光 5 万美元的收入而且还吃老本不同，本杰明的生活要简朴很多，他一年的花销在 2.5 万美元左右。在那些目光短浅的人看来，他提供的工作机会显然不到阿尔文的一半，另外 2.5 万美元则丝毫没有派上用场，就跟那笔钱不存在一样。

但是，让我们来看看本杰明究竟是如何支配那另外 2.5 万美元的。他并没有把那笔钱放在钱袋子、书桌抽屉和保险箱里面。他把钱存到银行，或者拿去投资。如果他是存到商业银行或储蓄银行，银行会借给企业用作短期周转金，或者他也可以用来购买证券。换句话说，本杰明的钱用于了直接或间接投资。这些钱被用于投资购置或建造生产资料——房屋、写字楼、工厂、轮船、卡车、机器。通过这些项目，货币同样被投入了流通领域，而且它们也提供了同样多的就业机会，促进就业这种作用与把钱直接用来消费的结果是一样的。

总之，现代世界中的“储蓄”，只是支出的另一种形式。两者的差别通常在于，前者把钱交给了别人用于扩大生产。就提供就业机会来说，本杰明既“储蓄”又“支出”带来的效果，与阿尔文单纯支出的效果一样，他们投入流通的资金也一样多。主要区别就在于，阿尔文花钱提供的就业机会，每个人都看得到，而要认清本杰明储蓄的钱所起到的相同作用，则需要我们做进一步的观察和思考。

12年后，阿尔文破产了。他不再流连于夜总会和时尚精品店，那些曾奉他为财神爷的人如今谈起他时，都嘲笑他是傻瓜一个。他写信向本杰明借钱。本杰明的支出和储蓄比率还是和以前一样，由于投资收益不断增长，通过他的投资创造的就业机会不仅数量更多，并且那些工作待遇更加好、劳动生产率更高。他的资本财富和收入都比以前高。简单来说，他增加了国家的生产能力，阿尔文却没有。

2

近些年，关于储蓄的谬论层出不穷，不能都借用上面两兄弟的例子来加以驳斥，有必要针对那些谬论做进一步的探讨。许多谬论源自令人匪夷所思的低级混淆错误，尤其是其中一些还出现在知名经济学作家的著述中。例如，储蓄（Saving）一词有时被用来单指蓄藏（hoarding）金钱，有时被用去指投资（investment），甚至被不加区分地用来用去。

如果仅仅是缺乏理智、莫名其妙地大量蓄藏金钱，在大多数经济状况中都是有害无益的。但是蓄藏金钱的情形极为罕见。在经济发展下滑之后，经常有这种舍不得花钱的类似行为出现，但应当仔细与之加以区分。经济衰退时期，消费和投资双双萎缩。消费者减少购物，部分原因的确是担心工作不保，想留点钱以备不时之需。换句话说，他们紧缩消费，不是因为想要这样，而是想确保万一真的失去工作，自己的贮蓄够多维持一段时间。

不过，消费者减少购物还有另一个原因。物价很可能已经下跌，消费者预期还会继续降价。如果推后消费，他们认为用同样多的钱就能够买到更多的东西。他们不希望拿钱去买正在缩水贬值的商品，而愿意持有预期（相对来说）会升值的货币。

同样的预期也使他们不再投资。他们对企业的赢利能力已经失去信心；或者至少他们认为如果再等几个月就可以买到更便宜的股票或债券。我们可以认为他们要么是不愿持有可能贬值的商品，要么是想要持有可能升值的货币。

把这种暂时的拒绝购买行为归入到“储蓄”名下，也是不恰当的。它的动机与一般的储蓄有所不同。将这种“储蓄”说成是经济萧条的起因更是大错特错。恰恰相反，它是经济萧条的后果。

这种拒绝购买行为确实可能加深和延长经济萧条。有些时候，政府对企业的干预反复无常，企业不知道政府政策下一步又变成什么样子，企业对未来的不确定性就会增加。企业和个人不愿将利润用于再投资，其银行存款余额会因此越积越多。他们宁可持有更多的准备金以防万一。蓄藏现金的这种行为看起来像是经济不景气的起因，但是真正的起因是政府政策不稳定所制造出的前景不明的经营环境。企业和个人保有更多的现金，只是从那种不确定性产生的一连串结果中的一个环节而已。把经济不景气怪罪到“过度储蓄”上就同苹果价格下跌，不去怪苹果丰收，却怪人们不肯出更高的价格买苹果是一个道理。

一旦有人存心要贬低某种做法或机制的时候，任何帮腔的言论，不论多么不合逻辑，他们都会为之叫好。有人帮腔说，各种消费品工业是因预期有某种需求存在而建立起来的，如果人们只知道把钱存起来，这种预期就会落空，并且引发经济萧条。我们已经知道这种说法的谬误所在——它忘了人们存起来的这部分钱被银行直接或间接地投在了其他的具有有效需求的生产资料上面，这种“储蓄”（节约）并不一定意味着总支出的缩减。他们唯一说对的一点是：突然发生的任何变化，都会引起人们的不安。如果消费者的需求突然之间从某种消费品转移到另一种，也同样会引发经济动荡。要是以前的储蓄者把需求突然从生产资料转为生活资料，会引发更大的震荡。

反对储蓄的另一种意见认为，把钱存起来不用是一种愚蠢的做法。他们嘲讽 19 世纪人们被反复灌输着储蓄的观念，说结果是蛋糕越做越大却没人去吃。这样的想法显得幼稚无知。或许，戳穿这种不实之说的最好办法，是用贴近现实的假设把实际发生的事情呈现出来。

假设有一个国家，每年的储蓄占总生产的 20% 左右。这个数字已远远超过美国历年来的净储蓄记录[①]，我们取一个整数，一来便于计算，二来好让那些指责“储蓄过度”的人服气。

由于每年的储蓄和投资，这个国家的总生产年年增加。（为了单独讨论这个问题，我们暂且忽略导致增长不均衡的所有因素。）假设总生产每年增加 2.5 个百分点（为了简化计算，我们用百分点，不用百分率）。我们选用 11 年期样本，并用指数的形式来表现经济增长的情况，如表 24–1 所示：

表 24–1

年份	总生产	生活资料生产	生产资料生产
第 1 年	100	80	20[②]
第 2 年	102.5	82	20.5
第 3 年	105	84	21
第 4 年	107.5	86	21.5
第 5 年	110	88	22
第 6 年	112.5	90	22.5
第 7 年	115	92	23

① 历史上，20% 近似地表示国民生产总值中每年投入资本形成（不包括消费资料）的总值。但是如果扣除资本消耗，则每年的净储蓄接近 12%。参照乔治·特伯格（George Terborgh）的《对经济成熟的恐惧》（*The Bogey of Economic Maturity*，1945）。1977 年官方估计的私人国内投资总额占国民生产总值的 16%。

② 假设储蓄与投资是同比例的。

（续表）

年份	总生产	生活资料生产	生产资料生产
第 8 年	117.5	94	23.5
第 9 年	120	96	24
第 10 年	122.5	98	24.5
第 11 年	125	100	25

对于这张表格，首先请注意，每年总生产的增长是由于储蓄所引起的，没有储蓄就没有总生产的增长。（你也可以想象，不花什么钱，单靠改良和新发明去提高生产力的情况，但这方面的增幅非常小，而真要靠新工艺、新设备，还要有足够的投资才行。）这种储蓄年复一年地被用于增加现有机器的数量和改进其性能，从而提高全国的产品产量。“蛋糕”确实会越做越大（这一点正是有人站出来反对储蓄的理由），每一年做出来的蛋糕，的确不会被全部吃掉，但是这里面并没有违背理性或者累积性的自我克制。其实，每年吃掉的蛋糕越来越大，到了第 11 年底（如表 24–1 所示），该年单单消费者吃掉的蛋糕，就等于第 1 年消费者吃掉的蛋糕和生产者吃掉的蛋糕的总和。此外，用来生产产品的生产资料，也比第 1 年多了 25%。

让我们看看其他方面。每年有 20% 的国民收入用于储蓄，并不会扰乱消费品产业的运行。如果它们在第 1 年生产的产品只卖出 80 个点（假设未获满足的需求并未使价格上涨），它们在拟订第2年生产计划的时候，当然不会笨到假设能够卖出100个点。换句话说，消费品产业已经适应了假设过去的储蓄率会持续下去。只有储蓄出乎预料地突然大增时，才会扰乱它们的运行，使它们的产品卖不出去。

我们已经谈过，储蓄突然大减，就会扰乱资本货物工业的运行。要是先前的储蓄全部被取出来购买消费品，就业不会增加，只会使消费品的价格升高，使生产资料的价格下跌。其总体影响首先会迫使就业发生移转，短期内会使资本货物相关行业的就业机会暂时减少。长期的影响则是整个社会的生产量减少，低于本来可以达到的水平。

3

反对储蓄的人还不止这些。他们首先对“储蓄”和“投资”进行适当区分，但当他们进行分析时，却好像二者是独立的变量，进而认为它们即使彼此相等，也是纯属偶然。这些经济学作家勾勒出一幅令人不安的画面。一方面，储蓄者会自动、无缘无故、愚蠢地闷头存钱；另一方面，有限的“投资机会”没办法吸纳这些储蓄。结果呢？是经济停滞不前。他们宣称，唯一的解决方法是由政府出面征用这些愚蠢和有害的储蓄，投资到公共建设工程上，哪怕拿去搞些作用不大的面子工程。总之，要将钱花掉以扩大就业。

以上观点及其“解决方案”包含太多的错误，这里我们只能选其主要的错误加以指正。储蓄大于投资的部分，只相当于真正被蓄藏的现金。[1]但在当今现代化的工业社会中，极少人会把硬币和钞票藏在袜子里面或床垫底下。就算这种可能性极小的事情真的会发生，它也已经反映在企业的生产计划和价格水平上。它甚至不具备累积性的效果——行为古怪的隐居者生前蓄藏的现金被人找到并花光，从总体上来看，被消耗掉的旧蓄藏甚至可以多过被人蓄藏的新现金。事实上，这方面的总金额对企业活动的影响可以说微不足道。

我们已经知道，把钱放在储蓄银行或商业银行里，银行会急着把钱借出去或者拿去投资。因为资金闲置会让银行牺牲利息收入。唯有当人们担心产品的价格下跌，当银行担心投资风险太大时，人们才会增加持有现金，银行才会宁可牺牲利息而让资金闲置。但这种迹象表明经济衰退的前兆已经显现，因而才造成蓄藏现金的行为，而不是蓄藏现金的行为引发经济衰退。

忽略这种微不足道的现金蓄藏（即使是这种例外情形也可

---

① 经济学家就这个问题的诸多分歧只是定义不同所致。你也可以对储蓄和投资给出相同的定义，那么二者肯定相等。在这里，作者选择从货币的角度定义储蓄、从商品的角度定义投资。这个定义与人们对其字面意义的理解大体相同，但并不完全一致。

以被视为直接“投资”于金钱本身），储蓄和投资会趋于彼此均衡。就像任何商品的供给和需求会趋于均衡那样，我们可以认为储蓄和投资分别构成了新资本的供给和需求。其他任何商品的供给和需求，在价格的作用下会达成均衡。资本的供应和需求也一样，在利率的作用下会达成均衡。利率只是资本借贷价格的特殊名称，它与其他价格没有什么两样。

利率这个主题近年来被复杂的诡辩、糟糕的政府政策搞得令人无比困惑，以至于让人对回归常识和理性几近绝望。人们病态地害怕利率“过高”。有人认为如果利率过高，产业界借钱来投资新的厂房和机器，会赚不到钱。这种观点极具影响力，近几十年来各国政府都在实施人为的“廉价资金”政策。但是相关的论调只注意到了提高资本需求，却忽视了这些政策对资本供给的影响；只看政策对某一群体的影响，却忘掉了另一个群体所受到的影响。关于这样的谬论，这里又多了一个实例。

如果相对于风险，利率被刻意压得太低，储蓄和借贷都会相应减少。廉价资金政策的支持者认为，不管利率是高是低，储蓄都会自动进行，因为富人也只能是把钱存进银行。但他们并没有说清楚，何种收入水平的人才会不管利率高低，不管自己直接借钱给别人的风险高低，而总是往银行里存一个固定的最低金额。

尽管富豪的储蓄额受利率的影响要比中等富裕的人小得多，

但事实上几乎每个人的储蓄额都会受到某种程度的影响。下面我们就用一个极端的例子来说明。有人声称，实质储蓄额不会因为利率大幅下降而减少。这就好比是在说，糖的总产量不会因为其价格大幅下跌而减少，理由是高效率、低成本的生产者会继续增加生产。这种观点忽略了边际储蓄者，甚至忽略了绝大部分的储蓄者。

将利率人为压低所造成的影响，其实与把任何其他价格压低到自然市场水平以下所产生的影响相同：增加需求，减少供应，即压低利率会导致资本的需求增加，而减少实质资本的供给。它会造成经济扭曲。毫无疑问，人为压低利率的确会鼓励借款增加，实际上则是鼓励那些在人为环境下才能生存的高度投机性项目。从供给层面上来说，人为压低利率会抑制正常的节约、储蓄和投资行为。它会减少资本的累积，减缓生产能力的提高、“经济的增长”以及减息政策热切想要促进的“进步”。

要想人为压低资金利率，只有靠持续不断地注入新资金或不断扩张银行信贷以替代实质储蓄。这会造成资本供给增加的假象，就像往牛奶中多掺点儿水会让人觉得牛奶增多一样。但这是一种追求持续通货膨胀的政策。这个过程所带来的危险显然会有累积的效果。通货膨胀一旦被遏制，或者只要通货膨胀暂停，甚至膨胀速度放慢，资金利率就会上涨，危机也会爆发。

有一点需要指出，新注入的货币或银行信贷，虽然能在开始带来短期的利率降低，但持续注水最终将使利率上升。因为注水会导致货币的购买力下降。放贷者开始意识到，今天借出去的钱，等到一年后还回来时，能买到的东西会减少。为了弥补这种预期货币购买力的损失，他们会在正常贷款利率上再加上一笔溢价。这个溢价可以很高，它取决于预期的通货膨胀率的高低。正是由于这个原因，1976 年英国国库券的年利率上升到 14%；1977 年意大利政府公债的投资收益率高达 16%；1974 年智利中央银行的贴现率激升到 75%。总之，廉价货币政策[①]所造成的经济动荡，远比那些补救性或防止性的政策更剧烈。

如果没有通货膨胀性政策去干扰资金利率，那么不断增加的储蓄也会为自己找出路，通过利率的降低来提高本身需求。更多的储蓄供给要寻求投资机会就会迫使储蓄者接受较低的利率。但是较低的利率同时意味着更多的企业能负担贷款利息，因为贷款购置新机器或厂房带来的预期利润，更有可能超过必须支付的贷款利息。

4

我们现在来谈和储蓄有关的最后一个谬论。经常会有这样的

① 指获得了货币发行权的中央银行在某些利益集团或政府的压力下大量发行信用货币，人为地降低货币利率，从而扰乱价格体系的货币政策。——编者注

观点：能被吸纳的新资本总数，有一定的上限，或甚至已达到了资本扩张的上限。这种观点在无知之人中普遍存在已令人吃惊，可连训练有素的经济学家也持有相同的见解，简直令人匪夷所思。17世纪工业革命以来的几乎每一样东西和财富，都是由社会累积的资本构成的。

这种资本一部分是由许多称之为耐用消费品的东西组成，例如汽车、冰箱、家具、中学、大学、教堂、图书馆、医院，以及私人住宅。在世界历史上，这些东西从来没有充足过。就算住宅的数量足够多，人们想要增进的居住品质却是无限的，也就是说，兴建更好的房屋的需求永远没有上限。

这种资本的第二个组成部分，可以称之为资本本体，它由生产工具组成，包括最原始的斧头、刀、犁，一直到最精密的机床、最大的发电机、回旋加速器，或者设备最先进的工厂。在这方面，可以扩增和想要扩增的数量，尤其是品质，也同样没有上限。在可预见的未来不会有“过剩”的资本，除非最落后国家的技术装备赶上最先进国家的，除非美国效率最差的工厂赶上设备最新、最好的工厂，除非最现代化的生产工具已经达到人类智力的极限，再也无法改进了。只要这其中的任何一条尚未实现，社会就有对资本的无限需求。

如何“吸纳”新增资本呢？如何实现“偿付”呢？如果能将资本储蓄起来，它会自行吸纳和自行偿付。生产者会投资于新的生产资料（也就是购买更好、更精巧的新工具），因为这些工具能够降低生产成本。这些工具要么做得出靠纯手工根本做不出来的产品（包括我们身边的大部分用品，例如书籍、打字机、汽车、火车、吊桥），要么能够大幅提高产量，或者（换种方式来说）能够降低单位生产成本。而且，就像单位生产成本可以降低到何种程度并没有极限（除非每样东西都是零成本生产）一样，可以吸纳的新资本数量也没有极限。

新增资本引起的单位生产成本稳定下降可以降低消费者购买产品的成本，还可以提升使用新设备的劳工的工资，因为新设备能够提升劳动生产率（或者同时具备上述两种效果）。所以，新机器对直接使用它们的人以及广大消费者，都有好处。对消费者来说，同样数量的钱能买到更多、更好的产品，或者说相当于他们的实质收入得到了提高。对使用新机器的劳工来讲，除了货币工资增加，实质工资也增加了。汽车业就是个典型的例子。美国汽车工业的工资是全世界同行中最高的，甚至在美国的各行各业中也排在前列。然而（大约 1960 年之前）美国的汽车制造商仍能以比世界其他各国更低的价格出售其产品，因为其单位成本比较低。其秘诀在于美国生产汽车时，每位劳工和每辆汽车的资本效率比其他国家都高。

不过，有人认为我们已经到达这个过程的最后阶段[①]，也有人认为，即使还没到达，但这样继续储蓄和增加资本存量也是愚蠢的。

通过以上我们的分析，现在已不难辨别哪种做法才是愚蠢的了。

（近年来美国的确失去了全球经济的领导地位，但原因出在美国政府本身的反资本主义政策上面，而不是因为“经济成熟”）。

① 关于反驳这个谬论的统计学资料，参看特伯格的《对经济成熟的恐惧》（1945）。加尔布雷思学派（Galbraithians）用近似的理论继续驳斥“长期停滞论者”。

第25章　课后回顾

1

经济学这门科学，如我们一再看到的那样，不仅是一门认识次要影响的科学，同时还是一门认识普遍影响的科学。这门科学用于追踪经济政策提案或现行政策的影响时，不仅要观察其对若干特殊利益集团的短期影响，也要考察其对整个社会利益的长期影响。

这个教训，正是本书所特别关注的。在本书开头，我们提纲挈领地点明了这一课的主旨，接着，我们又用大量跟现实生活息息相关的实例，从不同经济生活领域去阐明这一课的实质。

就在具体阐述论证的过程中，我们也领会到了其他更为普遍的教训。这里把这些说得再明白一点，以便我们能更清晰地把握这一课。

既然将经济学视为追踪各种后果的学科，我们就必须明白，经济学跟逻辑学和数学一样是认识必然结果的科学。

我们用一个简单的代数方程来说明这一点。假设 $x=5$，且 $x+y=12$。这个方程"解"是 $y=7$。这个结果之所以十分精确，是因为该等式告诉我们事实上 y 等于 7。它并没有直接下断言，但它却必然蕴含最终答案。

这个简单的方程所包含的道理对于其他结果复杂、深奥难解的数学方程来说也同样适用：答案已经蕴含于问题的陈述之中。我们只需要把它"算出来"。不过，有的结果确实会出乎人们的预料，以至于人们觉得自己可能是发现了某些新事物——那种强烈的兴奋，就像"天文观测者猛然发现一颗新星闯进他的视野"一般。这种发现的感觉会得到理论或者实践结果的验证。不过，显然答案早已蕴含在问题的陈述里面，只是并非一目了然。数学提醒我们：必然蕴含的答案不见得是显而易见的答案。

以上这些道理对于经济学来说同样适用。在此方面，经济学也可以拿工程来比喻。工程师处理问题时，必须要先行确定与那个问题有关的所有事实。假如他要设计一座桥梁来连接两个点，就必须要先知道这两个点之间的确切距离、精确的地形特性、桥梁设计的最大负重量、建桥用的钢材或其他材料的抗张和压缩强度，以及它可能承受的各种应力。这些参数方面的实际研究大都已经由其他人完成了。他的前辈们早已推导出了各种很精确的数学方程式，所以只要他知道了材料的各类强度以及它们将要承受的应力，就能确定索塔、斜拉索、主梁的必要直径、形状、数量和结构。

同样地，经济学家在解决实际问题时，必须同时搞清这个问题所涉及的基本事实，以及从这些事实中得到的有效推导。这些经济学的推导跟事实同等重要。我们可以引用乔治·桑塔亚纳对逻辑学（用数学也一样可以说得很好）的看法：逻辑学“探索的是事实的辐射”，因此，“当已知逻辑体系的一段推导用于描述某项事实，整个逻辑体系就会焕发出光芒，把未发现的事实照亮”。[①]

如今，已经很少有人能够认清他们不断提出的经济主张所包含的确切含义了。当他们说，拯救经济的方式就是增加信贷，这就等于在说，加重债务就能拯救经济：同一事物，从不同侧面去看，便有了含义不同的名称。当他们说，繁荣之道是提高农产品的价格，就等于是说，让城市劳工购买的食物涨价就能迈向繁荣。当他们说，增加国家财富的方法是政府提供补贴，实际上是说，加重税负就能增进国家的财富。当他们主张以增加出口为主要目标的时候，大多数人并没有意识到，最后也一定会相应制定一个扩大进口的目标。当他们说，任何情况下，刺激经济复苏的方法是提高工资率，这只是换了一种方式在说，只有提高生产成

① 乔治·桑塔亚纳，《真理的世界》（*The Realm of Truth*）。

本才能促使经济复苏。

由于以上主张好比硬币都有其另一面，或者由于同样的主张换种说法就会缺少吸引力，因此这不一定表示那些主张在所有的情况下都站不住脚。有些时候，借来的资金可以产生很大的收益，加重债务也许算不得什么；有些时候，为达到军事上的目的，政府必须采用补贴的方式；有些时候，某个行业负担得起生产成本的上升，诸如此类等等。但是，不管是哪一种状况，我们都务必要同时考虑硬币的两面，去探讨经济政策提案所蕴含的所有结果。然而，很少有人会这么做。

2

我们在分析实例中领会到另一个教训。在书中我们反复强调，研究各项提案的影响时，不仅要观察短期内特殊群体所受的影响，也要考察长期内所有群体受到的影响，但结论往往只用普通常识就能推论得出。即便一个不太懂经济学的人，只要他稍微看远一点儿，也肯定不会觉得：橱窗被砸碎和城市毁于战火是好事；兴建不必要的公共工程一点儿都不算浪费；政府裁撤冗员让闲人重回劳动市场非常危险；添置机器会令人不寒而栗，即便机器能增进财富创造，让工作更省力；对自由生产和自由消费设置障碍可以提高财富；迫使其他国家以低于生产成本的价格购买我们的产品可以让我们变得更加富有；储蓄是一种既愚蠢又邪恶的行为，挥霍浪费才能带来繁荣。

亚当·斯密用极其普通的常识回应了当时的那些诡辩者：“在每一个家庭的管理中是精明的举措，用于一个大国的管理很少会出错。”但很少有人在处理复杂的状况时意识到这句话。即便他们得出来的结论非常荒唐，也不会重新检查自己的推导过程。哲学家弗朗西斯·培根（Francis Bacon）说：“只知哲学的一些皮毛的人，思想会倒向无神论。但是，深入了解哲学，会把人带回宗教。”依自身的信仰而定，读者可能接受，也可能不接受这句箴言。不过，下面的这句话却千真万确——只懂一点儿经济学的皮毛，很容易使人的思想倒向荒谬的结论；但是，深入了解经济学，将会把人们重新带回到普通常识。所谓深入了解经济学，是指去考察一项政策产生的所有影响，而不是只关注那些即刻可见的事情。

3

在我们的研究过程中，我们又遇到了一位老朋友，他就是威廉·格雷厄姆·萨姆纳（William Graham Sumner）的文章中那“被遗忘的人”（Forgotten Man）。读者也许知道萨姆纳在 1883 年所写的文章：

当A觉察到，那种做法是错误的，害得X因此遭受苦难时，就立即和B讨论这件事，两人接着提议立法，矫正那种错误的做法，以此来帮助X。由他们所提议而制定的法律，总是规定C应该为X做什么事，或者最好是A、B和C应该为X做什么事……我想要做的，是探望一下C……我称他为“被遗忘的人”……他是从来不被考虑的人。他是被改革者、社会投机者和慈善家所牺牲的人。我希望将他的特征和加在他身上的各种重负展示给你们，以引起你们的关注。

“被遗忘的人”一词在20世纪30年代再度被人提起时，不是指C，而是指X，这真的可以说是历史的反讽。至于C，则是被要求支持更多的X，和以前相比，更是完全被人遗忘。就是这个C、这个被遗忘的人，还得经常响应政治号召去慷慨奉献，以此为政治家们的所谓“好心”买单。

4

假如本书相当担心的核心谬论不是偶然发生的，而是系统性地出现的，但我们现在就此打住，那么这堂课的研究就不算完成。事实上，这种系统性谬论是劳动分工所不可避免的结果。

在社会化劳动分工出现以前，原始社会的一切工作都只为自己或近亲属而做。他消费的东西，完全是他自己生产出来的。他的产出和他的需求之间始终存在着直接的关联。

但是当更为细致的社会化分工出现后，这种直接的关联就不复存在了。我消费的东西，不全是我生产的，我可能只生产了其中的一样。我用我生产的商品、提供的服务所赚来的钱，去购买其他我所需要的商品或服务。我希望我购买的每一样东西，价格越便宜越好，但是我卖出的商品或服务，价格要越高越好。我希望其他所有的东西越丰富越好，但是我的同行和他们的产出要越稀缺越好。与其他产出相比，我供应的东西越紧缺，我付出的努力就能得到更丰厚的回报。

这并不一定意味着我会限制自身的努力或减少自己的产出。事实上，假如跟我生产同样产品、提供同样服务的大有人在，我只是这个行业中的普通一员，而且我们这一行可以自由竞争，如果我限制自己的努力和生产，对我自己并没有好处。相反，如果我是一个小麦种植者，我会希望我所种植的小麦产量越高越好。但如果我只关心自己的利益，没有从人道主义角度考虑，那么我会希望其他所有小麦种植者的产量越低越好；我希望市面上小麦及其替代品供给稀缺，那样我的收成就能卖到最好的价钱。

上述这种自利动机对小麦的总产量一般不会产生任何影响。事实上，只要存在竞争，每位生产者都会尽最大的努力，在自己的土地上耕种尽可能多的农作物。这样，靠自利动机的力量（不管是好是坏，它比利他动机更持久且更具威力）就能使产出最大化。

但是，如果所有小麦种植者或者其他产品的所有生产者，能够联合起来消除竞争，而且政府也允许或鼓励这种做法，形势就会发生逆转。小麦种植者就会去说服本国政府（最好是说服相关国际组织）强迫所有的小麦种植者等比例缩减小麦的种植面积。这样就会让小麦供不应求，进而抬高小麦价格。小麦的价格涨幅很可能大于产量的降幅，小麦种植者整体上就会因此受益。他们会赚到更多的钱，也就可以买到更多的东西。但是，其他人的状况都会因此变差：因为在其他条件相同的情况下，其他人都必须拿出更多自己生产的东西来换取更少的小麦。很清楚，小麦减产的数量，就是整个国家财富减少的数量，国家因此变得更贫穷。但那些只将目光放在小麦种植者身上的人，看得到种植者因此获得的利益，却没看到其他所有人因此遭受的损失。

这个道理，适用于其他每一种行业。如果因为气候反常，柑橘的收成突然大增，所有的消费者都会受益。柑橘增产多少，整个世界的富有程度就增加多少。但是，柑橘会更便宜，这会使全体柑农比以前贫穷，除非大量的柑橘卖得出去，柑橘销量的增加足以弥补降价的损失。当然，倘若在这种情况下，我的柑橘收成反而不如往年，我一定会因为普遍性丰收导致的低价而蒙受损失。

这个道理，不仅适用于供给发生变化的情形，同样适用于需求发生变化的情形，不管这种变化是缘于新发明或新发现还是消费者品味的改变。采用新型棉花采摘机虽然可以降低每个人购买棉质内衣和衬衫的成本，并且提高了整体的财富，但是受雇的棉花采摘工人数量会减少。新型纺织机器可以用更快的速度织出更好的布匹衣料，但许多老式纺织机器却会因此而遭淘汰，原来购买这些机器的部分投资将就此损失，其所有者当然变得比较贫穷。进一步开发核电可以造福全人类，但煤矿和油田的投资者却会因此不堪其忧。

没有一种技术改进不会伤害某个人，同样的道理，大众品位和社会风气的改变即便是向好，也会伤害某个人。若更多人倾向于审慎节制，成千上万调酒师将因此失业。若赌风日衰，在赌场和赛马场讨营生的人就只好另谋职业。若男人更懂得洁身自爱，世界上最古老的色情行业就会陷入绝境。

但是社会风气突然改善，受到伤害的不仅仅是以迎合人们低级趣味为职业的人。那些毕生致力于改善社会风气的人，受到的伤害会更大。牧师面前做忏悔的人会减少。社会改革家会找不到责任之所在，人们对他们的服务需求减弱了，他们能为社会做的贡献也减弱了。如果没有人犯罪，我们就不需要那么多律师、法官、消防队员，也不需要监狱看守和锁匠，甚至可以不要警察（交通警察除外）。

简单地说，在分工体系之下，我们很难想象，当一个人的需要获得更大的满足时，不会伤害为此投资的人和为此苦练技能的人，他们至少会遭受暂时性的伤害。如果各个经济领域都是非常均衡地共同增长，那就不存在特殊群体与整个社会之间的利益对抗，就算有，也不会构成任何严重问题。如果同一年全世界的小麦收成同步增加，我的小麦收成也同比例增加，与此同时，柑橘和其他所有农作物的收成同时增加，所有工业产品的产出也增加，单位生产成本相对下降，那么我这位小麦种植者不会因小麦产量增加而受到什么伤害。虽然小麦的价格可能下跌，我的产量增加也没能完全弥补总收入的减少，但是如果其他每个人的供应量增加，我也能用更便宜的价格买到他们的产品，算下来大家扯平，那就没有什么好抱怨的。假如其他每一样东西的价格跌幅，和我的小麦的价格跌幅完全相同，我的富裕程度会和我收成增加的幅度同比例上升，其他每个人的富裕程度也会和所有产品与服务供给增加的幅度同比例上升。

这种齐头并进的经济增长方式从未发生过，并且永远也不可能发生。经济增长时而发生在某个生产领域，时而又转移到另一领域。如果我生产的那种商品，其供应量突然大增，或者如果某些新发明或新发现使得我生产的那种商品不再有人要，那么这些原本使整个世界获益的好事情，对我和我的同行们来讲，却是一场悲剧。

大家往往不会去注意供给增加或新发现所带来的那些分散各处的利益，而会去关注少数人因此遭受的损失。每个人都在享用因产量增加而价廉物美的咖啡，这个事实没有人注意；人们看到的，只是一些咖啡种植者因为咖啡豆卖不上价钱而生活难以为继。新机器以更低的成本增加鞋子的产量，这个事实没有人注意；人们看到的，只是一群下岗男女劳工的生计因此没有着落。这些群体的悲惨处境应该被承认，他们应该受到同情，而且我们也应该研究一下，能否利用在这一特殊进程中得到的收益去帮助这些人到别的地方另谋生计。这绝对是我们该做的事，也是全面了解问题所必须要做的事。

但问题的解决方法，绝对不应该是武断地去减少供给量，去阻止进一步的发明或发现，去帮扶处境艰难的人继续从事已经失去价值的工作。然而世界各国，竟然竞相利用开征保护性关税、毁坏机器、烧毁咖啡树、制定各种限制措施等手段，去解决上述问题。这就是通过制造匮乏来创造财富的疯狂信条的行为体现。

不幸的是，这类教条对于特定的生产者群体而言的确是金科玉律——如果他们能控制自己生产商品的供给，制造出相对匮乏，并保证他们必须购买的其他所有东西相对充裕的话。但这一教条对整个社会来讲是荒谬的，它绝对不能运用于所有的领域。因为如果那么做无异于经济自杀。

这就是我们这一课最普遍的教导方式。当我们专注于某个单一经济群体时看起来可能是千真万确的许多事情，在转而考虑既是消费者又是生产者的每一个人的利益时却有可能是一串错觉。

看问题时，要全面地去看，不要只看片段。这就是经济科学的目标。

ECONOMICS IN ONE LESSON

第三部分

30 年后的这一课

第26章　30年后的这一课

本书第一版是1946年出版的。我现在写这段文字时，一晃已过了32年。在这32年间，本书当年所阐述的那些教训，我们到底学到了多少？

若拿这话问那些政治人物，也就是那些制定和实施经济政策的人，那么他们根本没学到什么。相反，本书在之前章节分析过的各种经济干预政策，如今远比30多年前本书第一版问世时更深入、更盛行，不仅在美国是这样，在世界各国都是这样。

以尤为突出的通货膨胀政策为例。实施通货膨胀政策，往往是其他经济干预政策不可避免的结果，而不仅仅是为了涨价而涨价。如今，通货膨胀已经是各国政府干预经济的普遍象征。

本书1946年版中阐明了通货膨胀的后果，但是当时的通货膨胀相对温和得多。美国联邦政府1926年的财政支出不到30亿美元，并且还有财政盈余。到了1946财政年度，支出上升到550亿美元，赤字为160亿美元。在1947财政年度，随着战争的结束，支出降到350亿美元，还出现了40亿美元的财政盈余。但到了1978财政年度，支出飙升到4 510亿美元，财政赤字竟高达490亿美元。

这一切都伴随着货币存量的激增——活期存款加上人们手头的现金，从1947年的1 130亿美元直升到1978年的3 570亿美元。也就是说，32年间，流通货币的供应增加了两倍多。

货币增加直接导致物价急剧上涨。消费者物价指数从1946年的58.5飙升至1978年9月的199.3，也就是说，物价涨了两倍多。

我已经说过，实施通货膨胀政策的部分原因是为了通货膨胀本身。约翰·梅纳德·凯恩斯的《就业、利息与货币通论》40多年前出版，那本书被各种分析和经验彻底推翻也已经有20多年，时至今日，很多政治人物仍在继续建议增加赤字支出，以应对和减少失业。极具讽刺意味的是，过去48年，联邦政府已有41年出现财政赤字，年均赤字高达500亿美元，但那些政治家仍旧不断地提出这种建议。

更具讽刺意味的是，美国政府官员不仅不满足于自身采取的这种灾难性的政策，竟然还敦促别的国家（尤其是联邦德国和日本）实施美国那些“扩张性”的政策。就像伊索寓言里的狐狸，自己丢了尾巴之后，还要敦促其他所有的狐狸也都把尾巴割掉。

抱持凯恩斯神话的一个最坏结果是，不仅促使通货膨胀率急剧上升，而且系统性地将人们的注意力从失业的真正诱因上转移开，而真正的诱因是诸如工会要求的工资率过高、实施最低工资法、过度和过久的失业保险，以及救济金支付过分慷慨等。

虽然通货膨胀有一部分是故意制造的，但今天的通货膨胀主要是政府诸多经济干预政策的结果。简而言之，就是“再分配型国家”的干预结果：政府制定各种干预政策，从某人那里征敛钱财，转而花在另一个人身上。

若整个过程采用单一措施，那么这个过程会比较容易追踪，其破坏性也比较容易揭示，例如 20 世纪 70 年代初在国会颇受重视的保证年度收入提案。该提案建议要毫不手软地对所有高于平均水平的收入征税，以用于救济生活在贫困线下的人，保证他们能获得一定的收入，“让他们活得有尊严”，而不管那些人愿意工作与否。如此明目张胆打击生产、包养懒汉的提案令人难以想象，这只会让每个人都变穷。

当然，政府并不会采用某种单一措施，一次性地招致破坏，而是倾向于大量立法，从而产生局部的、有选择性的再分配措施。这些措施可能会绕开那些最需要帮助的群体，转而向其他群体提供各种福利、补贴和其他优待。这些措施中，常见的有：社会保险、医疗保险、医疗补助计划、失业保险、食品券、退伍军人福利、农业补贴、住房补助、租房补贴、学校午餐、公共工程“制造的工作”、家庭抚养子女的补助，以及针对老人、盲人、残障人士等实施的各种直接救助。据联邦政府估计，单单最后这类人，联邦财政的救助对象就超过 400 万，这还不包括接受各州、市财政所救助的人数。

有位作者对至少 44 种福利计划进行了统计。1976 年，政府在这些计划上的总支出高达 1 870 亿美元。把这些计划合起来看，从 1971 年到 1976 年，福利支出年均增长率为 25%，是同期国民生产总值增长率的 2.5 倍。1979 年的支出金额预计超过 2 500 亿美元。这些福利支出急剧增长促成了“国家福利产业”的发展，现在有 500 万名国有单位和私营单位的劳工，参与配发福利和服务给 5 000 万名受益人。[1]

几乎每个西方国家都实施了类似的组合福利计划——有时整合化程度较高，危害性较小。为了实施那些福利计划，各国只有征收越来越重的税。

我们只需以英国为例来进行说明就会很清楚了。英国政府对个人从工作中得到的收入（称为“劳动”所得）的 83% 以上部分征收所得税，对从投资中获取的收入（称为“非劳动”所得）的 98% 以上部分征收所得税。不用说，如此高的征税幅度会直接打击人们工作和投资的积极性，最终严重抑制生产和就业。对雇主杀鸡取卵，必定致使就业受到抑制。对投资釜底抽薪，会令

① 查尔斯·霍布斯（Charles D. Hobbs），《福利产业》（*The Welfare Industry*）。

人们不愿投资效率更高的新机器设备，必定致使工资水平低下。然而越来越多这样的政策正被各国政府所采用。

但是，严苛的税赋并没有带来足够的财政收入去满足越来越肆无忌惮的政府开支和财富再分配计划。结果是几乎每个国家都出现了长期且不断增加的政府预算赤字和通货膨胀。

过去 30 多年以来，纽约花旗银行对 10 年期通货膨胀率进行了记录。其计算是基于各国政府发布的生活费用估计值。花旗银行 1977 年 10 月的经济研究报告公布了对 50 个国家通货膨胀的调查结果。该调查显示，截至 1976 年的最近 10 年内，表现最好的德国马克，购买力损失 35%，瑞士法郎损失 40%，美元损失 43%，法国法郎损失 50%，日元损失 57%，瑞典克朗损失 47%，意大利里拉损失 56%，英镑损失 61%。至于拉美国家的购买力，巴西克鲁赛罗损失 89%，乌拉圭、智利和阿根廷比索损失 99% 以上。

同最近一两年相比，世界各国货币贬值的速度还算温和。1977 年，美元贬值 6%，法国法郎 8.6%，日元 9.1%，瑞典克朗 9.5%，英镑 14.5%，意大利里拉 15.7%，西班牙比索 17.5%。至于拉美国家，巴西货币单位 1977 年贬值 30.8%，乌拉圭 35.5%，智利 53.9%，阿根廷 65.7%。

请读者们想象一下货币这么贬值将会给这些国家的经济造成的混乱局面，以及千百万居民将要承受的生活困难。

前面说过，通货膨胀本身是造成人们生活困苦的原因，可是它又主要是政府进行经济干预政策的结果。这些干预行为无意间印证并强调了本书的基本教训。这些政策的制定都建立在可以给某些特定群体带来即期利益的假定之上。实施干预的人，未能注意政策的次要影响，也就是说，没有考虑到其对所有社会群体产生的长期影响。

总之，那些政治家们似乎一点都没有吸取这本书30多年前就给出的教训。

如果我们来逐章审视，就会发现本书第一版所反对的各类政府干预形式，无一例外仍旧正在被各国采用，而且往往愈发顽固。各国政府都在试图用公共工程来解决政策性失业问题。它们变本加厉地增加税负，推行信用扩张。大多数政府仍以“充分就业”为最主要目标。它们继续实行进口配额和保护性关税。它们尝试通过进一步让货币贬值来达到出口增加。农民仍然在为争取“等位价格”而“斗争”。政府仍在帮扶那些无利可图的行业，仍在努力“稳定”特定商品的价格。

通货膨胀政策推高了商品价格，而各国政府却继续将物价上涨的原因嫁祸到私人生产者、销售者和“奸商”头上。在石油、天然气等行业最需要激励的时候，政府却通过设定最高限价，或者采取管制及监控其总体价格水平和工资，最终挫伤人们对新油田、新气田开采的积极性。对于已经由其造成凋敝的城区住宅，政府仍继续实施租金管制。在明显已经造成的长期失业面前，政府不仅保留了最低工资法，而且还不断提高最低工资标准。它们不断通过制定各种法律，给工会以各种特权和豁免权；硬性要求劳工加入工会；容忍大规模的罢工纠察和其他形式的胁迫行为；强迫雇主和这些工会“服从集体谈判”，以此让雇主对工会的要求做相应的让步。所有这些措施的意图都是为了“帮助劳工”，但结果却是一次又一次地制造和延长了失业，同时相较以前，还减少了总体支付的工资。

大多数政治家仍在忽视利润的必要性，过高估计业界的平均利润或总体净利润，指责任何地方出现的不正常利润，并对它们课以重税，有时甚至不允许利润的存在。

这种反资本主义的心态，其根深蒂固程度更胜过从前。每当经济不景气，政治家们就认为“消费者支出不足”是其主要原因。于是，他们一方面鼓励消费者增加支出，另一方面制定更多的妨碍性和惩罚性措施去限制储蓄和投资。我们前面说过，当今各国政府的主要做法，是制造或加速通货膨胀。结果是，经济发展到今天，已经没有一个国家采用金属本位的货币政策了，几乎每个国家都通过印制长期贬值的纸币来讹诈它们的人民。

最后，让我们看看最近的一种趋势。政府一旦推行所谓的“社会计划”，就会完全失控，不仅在美国是如此，在其他所有国家也是如此。对于总体状况，我们已经看了个大概，现在就让我们来细看一个当今尤为突出的例子——美国的社会保障制度。

最早的联邦社会保障法案是1935年通过的。这个法案背后的理论是：大部分社会救济问题，在于人们有工作收入时没把钱存下来，而上了年纪后才发现自己没有积蓄安度晚年。立法者认为这个问题可以解决，如果劳工被强制性地给自己上保险，同时雇主也被强制性地为劳工负担一半的保费，这样一来，等劳工在65岁或更高年龄退休时，他们就会有足够的退休金安度晚年。社会保障基于严格的精算原则，被设计成完全自偿性的保险。设立的社保基金足以应对将来的理赔申请和到期的社保支领。

但实际的运作从来都没有依照这种设计执行过。社保基金只是账面数字。社保金收缴上来之后就被政府挪作他用，拿去支付普通开支或者发放社保。自1975年以来，当期的社保发放金额已经超过这套制度的社保金缴入金额。

这很自然地产生了每届国会都要寻求增加社保名目的局面，例如增加社保支付、扩大社保覆盖面、增加新形式的“社会保障”。就像在1965年加进医疗保险计划之后不久，一位评论家所指出的那样：“在过去7次大选之年，社保名目每次都有增加。”

随着通货膨胀的发展和持续，社保支付完全不是按比例增加，而比预想的要多得多。典型的政治手法是现在支付，将来买单。但毕竟将来总会到来，国会每过几年就要再次提高劳工和雇主缴纳的社保金缴纳比例。

除了社保金缴纳比例不断增加，社保缴纳基数也在不断增加。最早的 1935 年社保法案中，规定薪金收入的前 3 000 美元作为社保缴纳基数，并且缴纳比例很低。1965 年规定薪金收入的前 6 600 美元作为社保缴纳基数，缴纳比例为 4.4%（雇主和员工都必须缴纳），到 1977 年基数激增为 16 500 美元，缴纳比例为 11.7%。（从 1960 年到 1977 年，年度总社保入账增加了 572%，按复利计算平均每年增长 12%。第二年计划中的涨幅比这更高。）

1977 年初，官方估计的社保福利制度的短期债务额高达 4.1 万亿美元。

现在没有一个人能说清楚社保制度真的是一套保险计划，或者只是一套不平衡的复杂救济制度。绝大多数领社保的人都认为领到的社保金是他们自己“赚来的”，是自己“出了钱的”。实际上，没有哪家私人保险公司有能力从实际收取的“保费”中支付现有规模的社保金。1978 年初，低收入劳工退休时每月领取的社保金相当于原来工作收入的 60% 左右。中等收入劳工领取的社保约为原来收入的 45%。薪资特别高的人领取的社保约为原来收入的 5%~10%。如果我们把社保制度看作是一种救济制度，那它就是一种很奇怪的救济制度，因为薪资最高的人拿到的社保金也是最高的。

不过，社会保障制度在今天仍然神圣不可侵犯。如果哪位国会议员胆敢提议取消或削减现在或未来的社保支付，无异等同于政治自杀。美国的社保制度正是一种令人畏惧的象征，它代表一种近乎必然的趋势，即几乎任何国家救济计划、再分配计划或“保险计划”启动不久就会完全失去控制。

简而言之，我们当下所面对的主要问题不是经济上的，而是政治上的。优秀的经济学家们已经就怎么做达成了共识。政府为再分配财富和收入所做的种种努力，只会扼杀社会生产的积极性，并导致普遍贫困化。政府真正该做的事，应该是建立并实施一套法律体系，禁止暴力和欺诈。但政府一定不要去干预特定的经济活动。政府的主要经济职能应该是鼓励并维护自由市场。亚历山大大帝曾去拜访哲学家第欧根尼（Diogenes），他问哲人有什么请求，据说第欧根尼答道：“劳驾站开点儿，不要挡住我的阳光。”其实，每位公民都有权利对政府这么要求。

尽管前景黯淡，但并不是完全没有希望。总有某些地方，阳光会破云而出。越来越多的人开始意识到，政府若不先从纳税人手里拿走些什么，就不可能带给他们任何好处。特殊群体免费享受更多的利益，只能意味着税负加重、赤字增加、通货膨胀加剧。通货膨胀最后一定会误导生产、扰乱经济。有些政治家开始认识到了这一点，其中有的人甚至可以清楚明白地把它讲出来。

此外，有明确迹象显示知识分子的理论风向也正在转变。凯恩斯学派和“新政”拥护者逐渐在退场。保守派、自由派和自由市场的其他捍卫者越来越敢于直言，并且表述得清楚有力，而且，这样的人越来越多。

目前，我们的真正出路在于，趁目前各种措施造成的伤害还没有达到不可收拾之前，必须让公共政策干预经济的局面得以扭转。

后记与参考书目

对于想要多读点经济学的读者朋友来说，接下来应该找几本中等篇幅和难度适中的专业著作来看。据我所知，目前还没有哪本书能完全满足这种要求，但是有几本书加起来可能会达到上述需要。福斯蒂诺·波夫（Faustino Ballvé）的《经济学精要》（*Essentials of Economics*），这本精彩的小册子简要总结了各种经济原则和经济政策。珀西·格里夫斯（Percy L. Greaves）的《探讨美元危机》（*Understanding the Dollar Crisis*），主题类似但篇幅较长。还有，贝蒂纳·培恩·格里夫斯（Bettina Bien Greaves）主编的两册的《自由市场经济学》（*Free Market Economics*）。

想要深入了解经济学的读者，如果觉得自己已经有所准备，接下来应该看米塞斯的《人的行为》（*Human Action*）。这本书的逻辑统一性和经济学精确度超越了以前所有的经济学著作。《人的行为》出版13年后，米塞斯的学生默里·罗斯巴德（Murray N. Rothbard）撰写了两卷本《人、经济与国家》（*Man Economy and State,* Mission）。这本书中有不少全新且透彻的见解，叙述简单明了，结构安排在某些方面比米塞斯的巨著更适合做教科书。

还有些深入浅出探讨特殊经济主题的小册子，包括米塞斯的《规划自由》（*Planning for Freedom,* South Holland）、弗里德曼（Friedman）的《资本主义与自由》（*Capitalism and Freedom,* Chicago）、罗斯巴德的《为什么我们的钱变薄了？》（*What Has Government Done to Our Money?*）。

这些书与本书观点类似，从当前的意识形态与发展层面进行探讨的经济学著作有我的《"新经济学"的失败：分析凯恩斯的谬论》（*The Failure of the "New Economics": An Analysis of the Keynesian Fallacies,* Arlington House，1959），哈耶克（Hayek）的《通向奴役之路》（*The Road to Serfdom*，1945）和《自由宪章》（*Constitution of Libery*）。路德维希·冯·米塞斯（Ludwigvon Mises）的《社会主义：经济与社会学的分析》（*An Econonic and Sociological Analysis*）则是迄今批评集体主义原则最为充分且深刻的著作。

读者当然不要错过巴斯夏的《经济诡辩》（*Economic Sophisms*，1844），尤其是他写的《看得见的与看不见的》（*What*

Is Seen and What Is Not Seen）一文。

对经济学经典感兴趣的读者，不妨先读现代的经典，再读时间更久远的经典，这样效果可能最佳。按各书第一版的出版日期，我们倒着列一个重点书目：菲利普·威克斯蒂德（Philip Wicksteed）的《政治经济学常识》（*The Common Sense of Political Economy*），约翰·贝茨·克拉克（John Bates Clark）的《财富分配》（*The Distribution of Wealth*），尤金·冯·庞巴维克（Eugen von Bohm-Bawerk）的《资本实证论》（*The Positive Theory of Capital*），卡尔·门格尔（Karl Menger）的《经济学原理》（*Principles of Economics*），斯坦利·杰文斯（W. Stanley Jevons）的《政治经济论》（*The Theory of Political Economy*）；穆勒（John Sthart Mill）的《政治经济学原理》（*Principles of Political Economy*），大卫·李嘉图（David Ricardo）的《政治经济及赋税原理》（*Principles of Political Economy and Taxation*），亚当·斯密（Adam Smith）的《国富论》（*The Wealth of Nations*）。

经济学会往无数个方向扩展，例如货币与银行、外贸与外汇、税收与公共财政、政府管制、资本主义与社会主义、工资与劳动关系、利息与资本、农业经济学、租金、价格、利润、市场、竞争与垄断、价值与效用、统计经济学、经济周期、财富与贫困、社会保险、房地产、公共事业、数理经济学、产业经济学与经济史的研究。但是，没有人能彻底通晓所有这些专门领域，除非这个人对基本的经济原理，以及所有经济因素和经济力量之间的复杂关系已经有了深刻的了解。大多数读者若读过上述的一般性经济学著作，便可以在自己感兴趣的专业领域找到合适的书籍来阅读学习了。